投資で利益を出している人たちが大事にしている45の教え

市川雄一郎 編著
グローバルファイナンシャルスクール 編

日本経済新聞出版

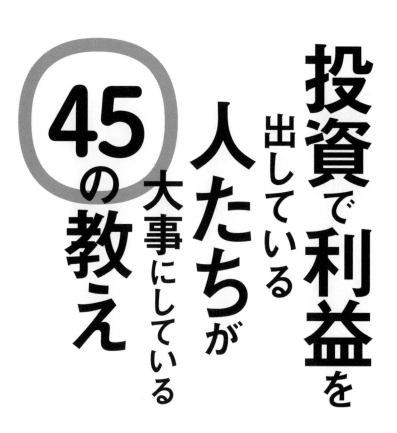

はじめに　投資は豊かな人生を送るためにある

投資で利益を出す方法は存在する

「株や不動産投資で儲けている人はいったいどうやっているんだろう?」

投資を始めたばかりの人、あるいはこれから投資をしようと考えている人は、必ずこんな素朴な疑問を抱くと思います。初心者ばかりではありません。何十年も投資を行っているベテランの個人投資家や、ファンドマネジャーなど投資を職業にしているプロの投資家も、実は同じことを考え続けているはずです。なぜならば、「投資で利益を出す」ことは、投資を行っている全ての人たちの最終目標だからです。

結論を先に言うと、投資で利益を出す方法は存在します! それには法則があるのです。その法則を知っていれば、誰でも投資で利益を出すことができます。いわば、投資における勝利の方程式です。事実、ごく普通の個人投資家の方でこの法則をしっかりと学び、長い目でブレることなく実践し、着実に利益を得ている人はたくさんいるのです。

投資は決して、宝くじや競馬のようなギャンブルではありません。投資とギャンブルはどこがどう違うのでしょうか？　ひと言で言えば、「再現性」があるかないかの違いです。例えば、ある人がジャンボ宝くじで5億円当てたとします。だからといって、あなたがその人の真似をして、次の回に同じ宝くじ売り場に行って、同じ枚数を買っても、同じように5億円が当たることはまずありません。その理由は簡単です。前の人はたまたま抽選で当たっただけで、そこには再現性などないからです。

しかし、投資では前と同じようなやり方で、同じように利益を出すこと、つまり再現することは可能です。それが、法則という意味です。

ただし、それは他人の真似をするということではありません。資本主義や経済活動の基本的な仕組みを理解し、金融商品の特性や取引の実情、投資する商品・銘柄の分析方法や選び方のポイントなどをしっかりと学んではじめて身につけることができるものです。けれども、それは決して難しいことではありません。本文の中でも繰り返し述べていますが、「やる癖」をつけて続けていけば、誰でもできるようになります。

あなた自身のライフプランに合わせた投資を考えるために

本書はそのことを普通の個人投資家、なかでも初めて投資を行う人に知ってもらいたいと考え、企画したものです。執筆に当たっては、初心者の方にも理解しやすいように、大事なポイントをひとつずつ「45の教え」という形にまとめ、できるだけわかりやすい表現で説明することを心掛けました。

今までの投資関連の書籍は、「経済や取引の仕組みを解説する本」と「個人的な経験から投資で利益を出す方法を解説する本」が多かったように思います。前者は少々理屈っぽくてとっつきにくく、後者は面白く読めるけれども普遍性に乏しい、というのが私の率直な印象です。要するに、参考書としてはあまり役に立たないものが多いと思うのです。

本書は、そうした既刊の書籍とは一線を画したアプローチをしています。一般の個人投資家にターゲットを絞り、それぞれの読者が自分自身の「ライフプラン」の中でどのような目的で投資・資産運用を行うのか、そのためにはどんな金融商品・銘柄を選び、どんなスタンスで実践すべきなのかといったことを、あくまでも読者の目線で一緒に考えるつもりで解説していきます。これにより、他の書籍とは異なる知識や考え方を知ることができるだけでなく、利益を出すための大事なポイントを効率よく学べることで、大きな失敗をあらかじめ避けることができるようになると確信しています。

読者の皆さんは「45の教え」をコツコツと読み重ねていけば、必ずや投資の何たるかを理解し、投資というものの勘どころが見えるようになるはずです。そして、本書を読み終えた時には、「ライフプランに合わせたあなた自身の投資プラン」をきちんと整理できるようになっているでしょう。

アマチュアの個人投資家に有利な時代がやって来た！

日本ではまだまだ投資というものに対する誤解や偏見が溢れているように感じます。投資にはなぜか「楽をして儲ける」というイメージがあるようです。しかし、その認識は間違っています。

詳しくは本文で述べますが、投資は労働と同じです。あなたが会社から支払われるお給料は、あなたが体と時間を使って一生懸命に働いた労働の対価です。それは言い換えると、あなたの体と時間をその会社の事業に投資をして得た利益です。

これは資本主義経済の基本的な仕組みであり、投資も同じ仕組みで動いています。株式に投資するということは、あなたの体と時間の代わりに、あなたのお金をその会社に提供することを意味します。つまり、株式投資で得た利益は、あなたのお金が働いてくれた結果、得ることができた正当な利益なのです。

とはいえ、ここで考えなければならないことがあります。あなたがどんなに一生懸命に頑張って働いても、会社が提供する製品・サービスがお客様に喜ばれる良い商品でなければ、売り上げは伸びず、利益も出ません。悪くすると、売れなくて倒産してしまうかもしれません。そうなったら、あなたが働いた分の給料も未払いになってしまいます。

投資も同じです。株式を買ってあなたの大切なお金を事業資金として提供しても、その会社が顧客に喜ばれる商品を提供できなかったり、社会に貢献する事業活動ができなかったりすれば、売り上げは減っていき、最悪の場合は倒産に至ります。そうなれば、あなたが買った株券は紙くず同然になってしまいます。これが株式投資の最大のリスクです。

それを避けるためにはどうするか？　一生懸命に勉強して知識を身につけ、情報を集めて分析し、いい銘柄（企業）を選んで投資することしかありません。全てはあなた自身の努力にかかっているのです。

ＩＴ化が加速する今の時代は、情報そのものには大きな格差はなくなっています。アマチュアの個人投資家でも、プロと呼ばれる特定投資家と同じような情報を入手することが可能な時代です。一方で、投資に伴う手数料は劇的に低下しており、その気になれば、個人投資家でもプロと対等に渡り合うことだって可能です。

私はこれからの時代はアマチュアの個人投資家の方がプロよりも有利なのではないかと考えています。その理由についても本文の中で詳しく解説していますが、要するに、個人の投資家が小さな金額で投資を始めて、大きな資産を手にすることができる時代だということを知っていただきたいと思います。

誰にとっても、人生の目的は豊かで幸せに暮らすことであり、投資はそのために必要な人生の大切な営みのひとつです。お金は使ってはじめて価値を持ちます。読者の皆さんには、投資によってお金を増やし、豊かで幸せな人生を送ってほしい。これが本書に託した私の切なる願いです。

２０２１年５月

グローバルファイナンシャルスクール 校長

市川　雄一郎

目次

その1

あなたは既にほぼ全財産を投資している？

金融機関にお金を預けるのは投資しているのと同じ

いきなり何を言い出すのかと思う読者もいるでしょうが、これは銀行など金融機関への預貯金のことです。ほぼ全ての読者は銀行に口座を開き、お金を預けて管理しているはずです。今どき、お給料を現金で支給されている人は少ないでしょうし、仮に現金で受け取っても、すぐに最寄りのＡＴＭ（現金自動預払機）に行き、自分の口座に振り込むと思います。なかには〝タンス預金〟にしている人もいるかもしれませんが、そのためにわざわざ耐火金庫を買い、自宅で財産を保管している人は多くはないはずです。

ここで、私たちは銀行に「お金を預ける」と言います。しかし実はこれは、銀行にお金を「貸している」ことなのです。そして、銀行（金融機関）は皆さんから借りたお金（預貯金）を

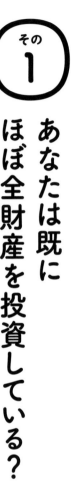

運用して、利益を得ます。取引先に事業用資金などとして利息をつけて貸し付け「利ザヤ」（お金を貸すときの金利と預貯金につける金利の差額）を稼いだり、自分のところで運用したりして上げた利益の中から、皆さんの預貯金に対する利子を払っています。つまり、皆さんは銀行にお金を入れる（投資する）ことで利子というリターン（収益）を得ているのと同じなのです。

別な項でもお話ししますが、私たちにとって銀行は、とても信用度の高いところというイメージがありますし、公共料金の支払いなど生活に関わるところでのお付き合いも多いですから、「投資」という言葉とは結びつきにくいのですが、「お金の仕組み」としてみれば、預貯金も立派な投資ということができるのです。

ただ、今は「異次元の金融緩和」が続く超低金利

日本の定期預金金利も高い時代はあった

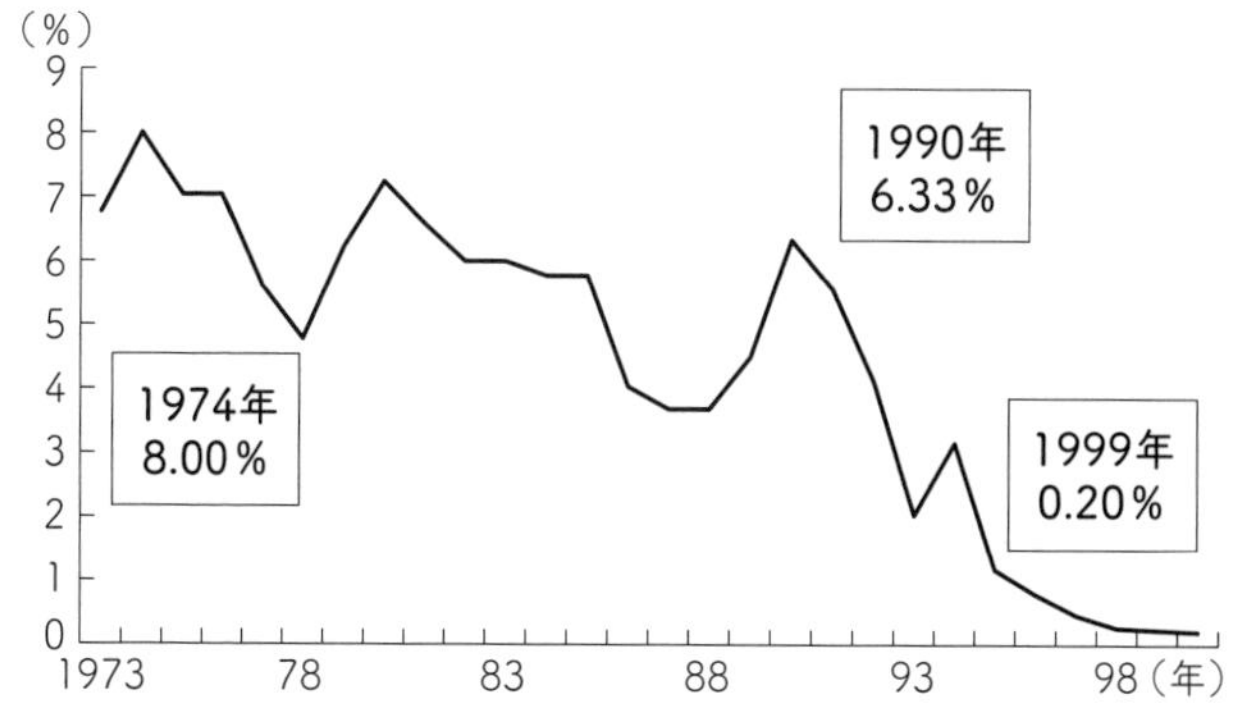

（出所）総務省統計局

時代ですから、普通口座に預けても手にできる利子は年に0・001％程度。預入期間3年の定期預金でも同0・002％程度に過ぎませんから、とても「投資をしてリターンを得ている」という実感は持てませんよね。

ですが、高度成長期からバブル景気の頃には定期預金で年利8％、普通預金でさえ年利5％を超えるような時代もありました。仮に100万円を預ければ、1年で5万円の利子を獲得できたのです。これなら温泉旅行くらい行けますから、当時は誰もが「預貯金＝投資」であることを、肌感覚で持つことができていたように思います。

あなたがアマゾンにお金を貸したなら……

こう考えていくと、賢明な読者ならお気づきになるはずです。「それなら、銀行に預けるのではなく、直接、その企業にお金を貸せば、もっと高い金利を獲得することができるのではないか」と。

おっしゃる通り！　超低金利の今、わざわざ銀行に預けて「全く利子がつかないどころかそのうち手数料が取られるかもしれない」なんて、考えてみればバカバカしい話です。大切なお金をもっと有効に活用し、より多くのリターンを得る方法があります。それが企業への直接投資、つまり、株式や社債の購入です。

具体例を挙げてみましょう。

あなたが今、おなじみのアマゾン・ドットコム（Amazon.com）に「お金を貸す」とします。アマゾンは時価総額1兆5000億ドル超、日本円で約160兆円超という世界最大の超優良企業（本書執筆時点）。急成長を続け、資金需要は旺盛ですから、喜んで借りてくれるでしょう。この場合、現実的にはアマゾンが発行する社債を購入することになりますが、その金利は2017年頃には3％以上ありました。

社債ではなく、株式を買って、配当金をもらうという方法もあります。例えば、みずほ銀行を運営している持ち株会社のみずほフィナンシャルグループの株を持てば、配当利回りは年5％を超えています。アマゾンの社債やみずほフィナンシャルグループの株を持てば、超低金利の現在でも温泉旅行に行くくらいの収益を手にすることは十分に可能なのです（社債、株式への投資については、他の項目でそれぞれ解説します）。

投資には「正しい知識」が必要

とはいえ、世の中、そんなに甘くはありません。大きなリターンを獲得するには、その分、大きなリスクが伴います。

銀行に預ける場合、たとえその銀行の経営が悪化し、倒産したとしても、あなたの預貯金は一定の限度額内であれば失われることはありません。預金保護（ペイオフ）の仕組みによって「元本保証」されているからです。一般的な普通預金の場合なら、1000万円以内の預金と破綻日までのその利息が保護されます。

ところが、1000万円を超えた分についてはその限りではありません。最悪の場合、なくなってしまうことだってあり得るのです（ただし、決済預金〈無利息普通預金〉の場合は、1000万円の制限はありません）。

ましてや株式や社債には、元本保証などありません。投資先の企業が倒産したら、あなたが持っている株券、債券はたちまち紙くず同然になってしまいます。この非情な仕組みが、投資というものの本質なのです。

一番大事なことは、「お金」や「お金を投資する」ことについての正しい知識を持つこと。

そして、正しい知識のないままお金を投資することが、いかにリスキーな行為であるかをしっかりと認識すること。これが投資を始める際の「イロハのイ」です。

その1 まとめ

預貯金も投資のひとつ。まずは投資の仕組みを理解し、いろいろな投資があることを知ろう。

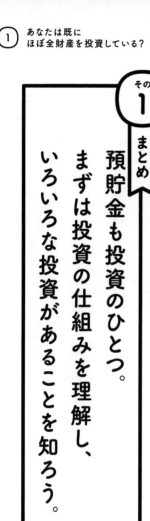

その2

「投資」とは何か
――ギャンブルと投資の大きな違い

ギャンブルの勝ち負けには法則（再現性）がない

あなたが100万円の大金を持って競馬場へ行ったとしましょう。そして、あるレースで全ての出走馬に均等にかけたとしたら、果たしてその結果はどうなるでしょうか？

ここでは話を簡単にするために、あなたは出走する全頭の単勝馬券を均等に〝全部買い〟するとします。10頭立てなら10万円ずつ、16頭立てなら6万2500円ずつということです。当たり前の話ですが、このレースで1着になるのは1頭だけ。残りの馬は負けで、馬券はハズレとなります。では、このレースが確定した後、あなたの手元に戻ってくる配当金は一体いくらくらいになるでしょうか。

インターネットで競馬の専門家による面白い分析を見つけました（うまめしドットコム

〈.com〉競馬必勝法「競馬　単勝　全頭　全部買いして回収率を検証」）。こうした専門家たちの分析によると、どうやら70万〜80万円くらいになるようです。要するに、ほとんどの場合元は取れないということです。

そもそも競馬の場合、日本中央競馬会（ＪＲＡ）などの主催者の取り分（これを馬券的には控除率というそうです）が決められており、残った売り上げから配当金が算定されるので、全額が戻ってくることはありません。もちろん、大穴の馬が勝って、大金が舞い込むこともあるでしょう。けれども、それは〝たまたま〟大当たりしただけで、同じように全部買いを続けても、最後は必ず「ボウズ」、すっからかんになってしまうはずです。そこには何の法則もないからです。言い換えれば、競馬には「再現性」がないのです。

株価の動きを100年単位で見てみると

これに対して、株式投資はどうでしょうか。過去50年、もっと短く30年、20年、いや10年でもいいのですが、世界中の全ての上場企業の株式を全部買いしたと仮定してみてください。1社1社の株式を単元株*で買いそろえることはいくら仮定の話でも大変なので、例えばインデックス*（株価指数）で買うと考えてもいいでしょう。さぁ、あなたの投資したお金は増えているでしょうか、減っているでしょうか？

＊単元株　通常の株式取引における売買の単位。単元は、ある一定のルールをクリアすれば企業が自由に決めることができ、1単元の株数は1株、100株、1000株が一般的。通常の株式取引では、この売買単位の整数倍で取引が行われる。

＊インデックス　市場の動きを示す指数のこと。日本株の代表的なものに、日経平均株価やTOPIX（東証株価指数）がある。インデックスの値動きを見て、市場全体の状況を推測することができる。インデックスと連動した値動きを目指して運用される投資信託のことをインデックスファンドという。

結果は、2～10倍の利益を得ているはずです。

図表は、1970年以降のニューヨーク証券取引所におけるダウ平均株価の推移を示したものです。これを見ると、株価の動きには常に大きな波があり、上がったり下がったりしていることがわかります。

過去100年間を振り返ってみると、1929年には有名な「暗黒の木曜日（ブラックサーズデー）」が起き、株価は22・6％も大暴落しました。株価は第2次世界大戦をはさんで次第に回復してきましたが、その後も同じような暴落が何度も起きています。例えば、1987年

NYダウ工業株指数の推移（1970年～）

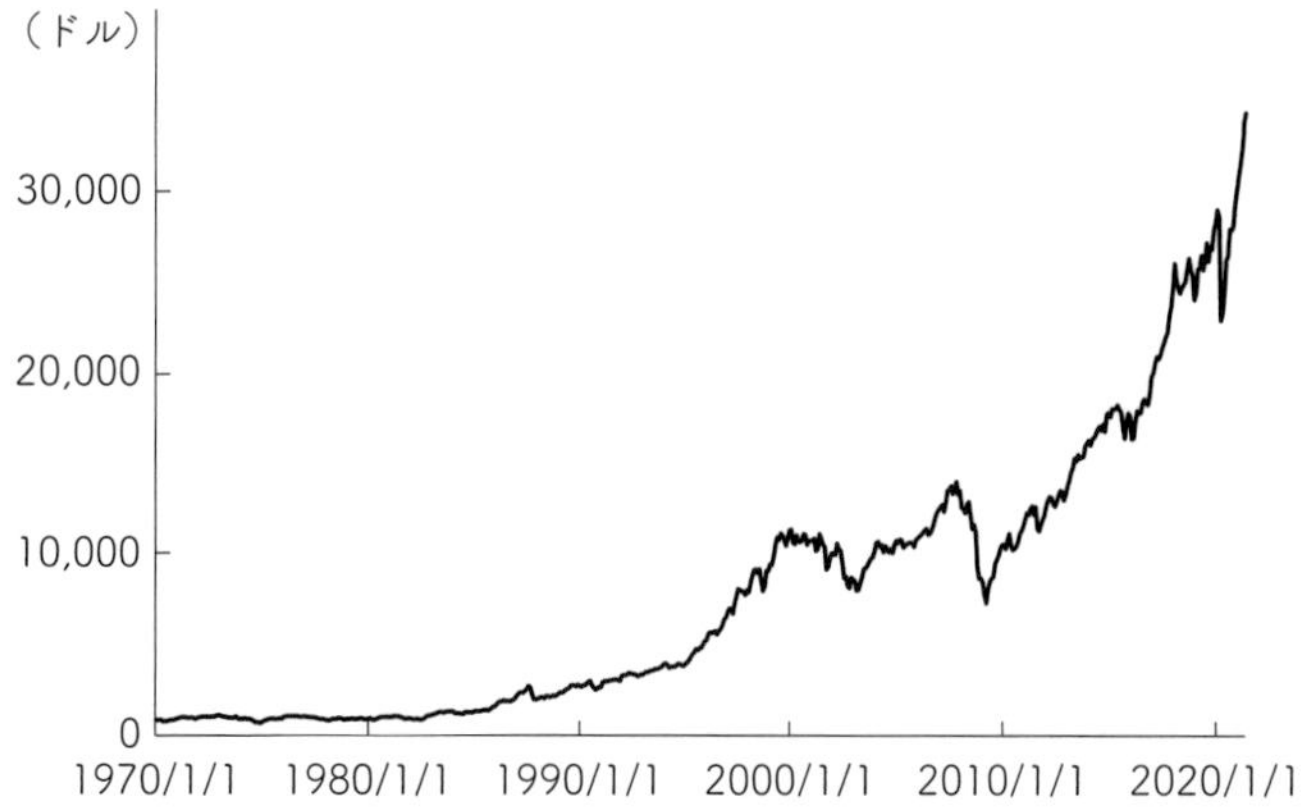

の「ブラックマンデー」、2008年の「リーマンショック」、そして、直近では2020年のコロナ禍による暴落がありました。

このように、株式市場の長い歴史を振り返ると、周期的に大きな波が起き、何十％も下落する場面があることは事実です。なので、これだけを見て、「やっぱり株は怖い」と思う人もいるかもしれません。

けれども、このグラフをよく見てください。上がったり下がったりを繰り返しながらも、大きなトレンドとして見ると、株価の折れ線は一貫して右肩上がりになっています。景気には循環があり、ずっと上がり続けることはない半面、下がり続けることもないのです。これは世界の株式市場を見ても同じです。日本は残念ながら1989年末につけた「バブルの最高値」

を更新することはできていませんが、長い期間をとると同じような傾向が見てとれます。

投機はギャンブル、投資とは違う

つまり、長い期間投資を続けていれば、株価は必ず元に戻ります。戻るばかりでなく、下落する以前の相場を超える水準に上昇していきます。一時的に経済の状況が悪くなっても、遅かれ早かれ、経済活動は正常化します。正常化すれば、企業は利益を得て、働く人たちの収入は増え、たくさん買い物をするようになり、それによってまた企業が儲かる——これが人間の経済活動の本質的な法則、いわば「仕組み」なのです。

このことは最近のコロナ禍における経済や株価の動きを見れば、おわかりいただけると思います。

法則を知れば、結果を再現することは十分に可能です。「株式投資はギャンブルだ」と言う人がいますが、これは大間違い。ギャンブルとは競馬のような賭け事を指し、「イチがバチか、大きな利益を狙う不確実な行為」とでも定義できるでしょう。経済用語では、これを「投機(Speculation)」と呼び、法則や仕組みを知って行う「投資（Investment)」とは明確に分けて捉えています。

株式投資をギャンブルと言う人は、結局のところ、経済や株式の仕組みについての正しい知識がないまま、行き当たりばったりで株を売買し、その結果、大損した、資産が減ったと大騒ぎしている人と考えて差し支えないでしょう。

では、「ギャンブル＝投機」と「投資」は具体的にどこがどう違うのでしょうか。これがまさに本書のテーマであり、次項以降で、さらに少しずつ解きほぐしていくことにします。

その2 まとめ

「投機」の儲けは〝たまたま〟の大当たり、「投資」の儲けには結果を再現できる法則がある。

その3

予想を絶対に外さない魔法の方法

過去の「事実」がわかれば先のことも見える

投資に「予想」はつきものです。そして予想に「外れ」はつきものです。投資先の候補企業の中から、将来どれくらい成長するかを予想して、投資先を決め、投資を実行します。でも、予想というのは、当たったり、外れたりします。当たればいいのですが、外れたら大変。予想を外さない方法があれば、誰だって知りたいと思うでしょう。果たしてそんな方法はあるのでしょうか？

答えは「イエス」。実に簡単なことです。はじめから予想などしなければいいのです。予想しなければ、外れることはないという理屈です。「バカを言うな。予想しないでどうやって投資するんだ。それじゃあ、それこそ投機じゃないか」と読者に怒られそうですね。

ちょっと視点を変えてみましょう。あなたが今から24時間、何も食べないとするとどうなるでしょうか？　24時間後には「おなかが空いた、何か食べたい！」となることは容易に想像できます。でもそれは、おなかが空くことを「予想」しているのではなくて、過去の経験からおなかが空くという「事実」を知っているから、そう考えるのです。

これを投資に当てはめて考えてみましょう。一番大切なのは、「事実に基づいて投資する」こと。

例えば、売り上げもない、将来的に利益を上げる見込みもない。そんな企業に誰も投資をしたいとは思いませんよね。その一方で、今はまだ赤字だけれども、将来的に必ず大きな利益を生むと見込まれる企業は存在します。ＩＰＯ（株式公開）したばかりの新興ベンチャーには赤字企業が多い傾向があります。赤字には理由があって、将来をにらんだ先行投資によって今は赤字なのです。成長企業の登竜門とされる東証マザーズやＪＡＳＤＡＱ市場（２０２２年４月から市場区分が変更になる予定です）には、数多くの〝将来性が期待される赤字企業〟が上場しています。

東証1部・2部とマザーズの上場審査基準

	市場1・2部	マザーズ
株主 上場時見込み	400人以上	150人以上 （上場時までに500単位以上の公募を行うこと）
流通株式時価総額	10億円以上	5億円以上
事業継続年数	3年以上	1年以上
純資産額	10億円以上	不問
経常利益額	最近2年間 合計5億円以上	不問

（出所）https://www.jpx.co.jp/equities/listing/criteria/listing/01.html
https://www.jpx.co.jp/equities/listing-on-tse/new/guide/01.html
より、一部抜粋

「予想」するのではなく、「事実」を見極める

実際、今の大企業の中にも、赤字続きの小さな企業から始まった会社がたくさんあります。いまや全世界を牛耳るＧＡＦＡはどこも、似たようなスタートアップ企業から成長していったのです。前述のアマゾン・ドットコムはその典型例。同社は共同創設者で最高経営責任者（ＣＥＯ）のジェフ・ベゾス氏が小さなガレージにだるまストーブを1台置いてスタートしました。スティーブ・ジョブズ氏のアップル（Apple）も、マーク・ザッカーバーグ氏のフェイスブック（Facebook）も、ビル・ゲイツ氏のマイクロソフト（Microsoft）も、グーグル（google）やヒューレット・パッカード（Hewlett Packard）などもそうした「ガラージュ（ガレージ）ベンチャー」でした。

今の日本を代表するような大企業も同様です。パナソニックも、ソニーやホンダも、京セラや日本電産も、最初は小さな町工場でした。１００円ショップ最大手のダイソー（大創産業）の創業者、矢野博丈氏に至っては、故郷の広島でハマチの養殖事業に失敗して東京に夜逃げをし、そこから「１００円均一」の生活雑貨をトラックに積み込み、スーパーマーケットの店頭などで実演販売するところから身を起こしたそうです。周囲の人から「そんな安かろう悪かろ

うのビジネスなんて、絶対に失敗するから止めろ」と諫められても信念を貫き、お客様の声に真摯に耳を傾け、商品の改良を重ね、現在のダイソーチェーンを一代で築き上げました。いまや日本の「百均」は値段の安さに見合わぬ品質の高さで外国人観光客にも大人気で、インバウンド景気の一翼を担っているほどです。

こうした成長企業は皆、時代の流れを読み、先を見据えた経営戦略を立て、「こんなモノがあったらいいいな」という人々のニーズを的確につかんで、魅力的な製品やサービスを開発・提供し続けてきたのです。

前述の「おなかが空く話」に当てはめれば、身近にある消費者ニーズを当て推量で「予想」したのではなく、試行錯誤と検証作業を積み重ね、「事実」に基づいてヒット商品やビジネスモデルを創り上げていったのです。

投資を行う際に大事なのは、こうした「事実を創れる企業」を見極めること。そして、短期ではなく、長期的な視点で投資を行うことです。

健康な人でもときに体調を崩すことがあるように、企業も一時的に業績不振に陥ることだってあるし、将来のさらなる成長のために意図的・戦略的に赤字を出す場合もあります。だから、足下の業績や目先の利益水準ばかりに目を向けて一喜一憂するのではなく、長い目で見て成長を続ける企業、将来にわたって利益を着実に出せる企業に投資をしていくようにすればいいのです。

もちろん、「成長する企業を見極めて投資する」と言っても、言うは易くで、そう簡単な話ではありません。ですが、この基本的な投資スタンスを守っていれば、少なくとも痛い思いをする可能性、大損するリスクをぐっと小さくできることは確かです。

その3 まとめ

予想するのではなく、事実を見極めよう。

その4

騙されやすい人には2つのタイプがある

「あなただけ！」のうまい話などあり得ない

世の中には「騙されやすい人」がいます。これにはいくつかの類型があるように思えます。最も多いのが「自分の知識が圧倒的に不足している人」です。知識がない、あるいは知識が足りないから、それっぽい話を聞くと、何の疑いも持たず、よく確かめもせずに聞いた情報を鵜呑みにしてしまうのです。また、「私には人を見る目がある」と思っている人も危険です。たしかに本当に悪い人はそんなにいるわけではありませんが、大事なことは、信用すべきは知識に基づく事実であるということです。

例えば、金融機関の営業担当者が熱心に勧める投資商品を、勧められるがままに「良さそうだな」と思って即断で購入した。ところが1年後、その商品が期待したようなパフォーマンスを上げられず、結果的に損失を出してしまった——。読者の身近なところでも、日常的によく聞く失敗談だと思います。こんな時、損をした人は何と言うでしょうか。

「アイツに騙された。うまいことばかり言いやがって！」

大切なお金が減ってしまったのですからそう言いたくなる気持ちはわかりますが、この場合は決して「騙した」というわけではないでしょう。営業担当者の説明に不十分な点があったかもしれませんが、悪いのはよく検討もせずに買ったご本人です。知識武装ができていない人に限って、自分に十分な知識がないことを棚に上げて「騙された」と思ってしまうものです。

さらに悲惨なのは、詐欺話に引っかかるケースです。概して詐欺を行う人の風貌は、悪いことはしそうもない雰囲気の人が多いのも特徴です。そしてそういう人に話しを持ちかけられ、その人が知人を紹介するケースも多く、その結果として最近は怪しげな儲け話についつい乗っかり、大切なお金を失った人の話を聞くことが増えています。前述したように、今は異次元の超低金利時代。大手銀行やゆうちょ銀行の定期預貯金を見ても、3年物で年0・002％の利子しか付きません（本書執筆時点）。こうした低金利時代には、さまざまな詐欺、もしくは詐欺まがいの投資話が皆さんのところにやって来ます。

「あなただけに高い利回りの特別な商品をご紹介します」

「近く上場予定の有望ベンチャーの未公開株をお譲りする内緒のルートがあります」

「お友達をご紹介いただければ、紹介手数料として1人につき○万円お支払いします」

こういった手口で巨額の資金をかき集めたあげく、破産した詐欺集団が摘発されるという経済事件が後を絶ちません。皆さんもよくニュースで耳にすると思います。この手の詐欺話に引っかかったら、結末は悲劇です。最悪の場合、コツコツ貯めていた老後資金などの大切な資産をあらかた失ってしまうことにもなりかねません。

断言しておきます。「あなただけ」という殺し文句の商品は100%、いや120%インチキです。「あっ、これは詐欺だ！」と思ってください。冷静に考えれば、わかるはずです。そんなおいしい話をなぜ〝あなただけ〟に教えてくれるのでしょうか。本当にそれで儲かるのであれば、その人はわざわざ誰かに教えたりせず、チャンスを独り占めして、自分自身が投資して大儲けしているはずですよね。

騙されない〝魔法の方法〟は「知識武装」あるのみ！

こんな話をすると、「いくら何でも、私はそんなバカじゃない」と言う読者も多いでしょう。ですが、この過信が危険なのです。

④ 騙されやすい人には2つのタイプがある

実は、「騙されやすい人」に多い、もうひとつのタイプが「自分は騙されないと確信している人」なのです。詐欺集団というものは「騙されないと確信している人」の心理を巧みに操り、知らず識らずのうちに、あなたを取り込んでいきます。

大手ハウジングメーカー、積水ハウスが東京・五反田の土地を巡って、地面師グループにまんまとはめられ、55億円超もの巨額資金をだまし取られた事件を思い出してください。不動産取引に精通しているはずの名門企業でさえ、こんな被害に遭うのです。過去には「M資金」と呼ばれる架空の融資事件が繰り返し起き、著名人を含めて何人もの方々が巻き込まれています。一流企業の経営者であろうと、ビジネスエリートであろうと、なんなく騙してしまう。それが〝プロの詐欺師〟。過信は禁物です。

では、投資で大失敗しない、損失を最小限にとどめるためにはどうしたらよいでしょうか。それには「知識武装」あるのみです。一にも二にも一生懸命に勉強して、「備えのための知識」をしっかりと身につけること。豊富な知識を持っていれば、営業担当者のセールストークを聞いても、鵜呑みにしたり、前のめりになったりせずに、冷静に検討することができるようになります。いかにも儲かりそうな投資話を持ちかけられても、「いや、待てよ」と踏みとどまることができるようになります。

騙されないための方法は、「最初から誰も信用しないこと」です。信用しなければ、騙されることもありませんよね。「じゃあ、この本に書いてあることも信用しない方がいいのですか？」と言われそうですが、それに対するお答えも「イエス」です。新聞も信用しない。テレビのニュースも信用しない。ネットの情報、ブログなども信用しない。大事なことは、そうした書籍や記事などからいろいろな情報や知識を得て、答えは自分で見つけて、最後は自分で判断する。信用できるのは自分だけ。そのための努力を怠ってはいけない。そのように考えていただきたいと思います。

結局、騙される人と騙されない人の差は「知識力」とそれに基づく「事実」です。これが当たり前なようで、実は多くの人ができていない「人に騙されない魔法の方法」なのです。

その4 まとめ

結果を出す人は、他人をむやみに信用しない。大切なお金は、自分の知識で守る。

その5 楽をして儲かるが続くことは絶対にない！

一流のプロほど陰で努力をしている

多くの人は一生懸命汗水流して仕事をし、お金を稼いでいます。お金を稼ぐのは大変です。どんな職業でも、楽な仕事などありません。

「楽」という文字はラクと読み、送り仮名を振れば「たのしい」と読みます。もしもこの世に「楽をして儲けられる」仕組みが存在するのであれば、誰もがその楽な方法を見つけ出してお金を稼ぐようになり、結局はその仕組みでは儲からなくなります。

投資の世界も一緒です。「楽をして利益を得られる方法」があったとしても、それが続くことは絶対にありません。だからこそ、自分で勉強し、苦労しながら自分のやり方を見つけるのです。繰り返しになりますが、「楽に儲かる」といった類いの〝おいしい話〟に乗ってしまう人は知識がなく、とりわけ一発逆転ホームランを狙って失敗してしまうのです。

　プロ野球選手は華やかな試合の陰で一生懸命に練習し、激しいポジション争いに勝ち抜いて、レギュラーの座を獲得します。そして、エラーをしたり、チャンスで三振したり、試合の中で数々の失敗を経験しながら成長して、ときに逆転満塁ホームランをかっ飛ばすことができるようになるのです。プロ野球選手で打率3割を打ったら、一流選手です。そんなトッププレーヤーでも、実際は10回に7回は失敗（凡退）しているのです。

　投資で結果を出そうと思ったら、野球選手と同じように、毎日毎日、一生懸命に勉強し、一生懸命に知識をつけて、一生懸命に研究し、うまく行く方法を見つけ、一生懸命に投資を行う。これしかありません。世の中を見渡せば、楽しく幸せに暮らしている人はたくさんいます。でも、そんな人たちも、仕事やお金を稼ぐ部分では決して楽はしていないものです。

　世界中の投資家の憧れの的であるウォーレン・バフェット氏やジム・ロジャーズ氏のような大物だって、若い時から苦労をして一生懸命に経済や投資の仕組みを勉強し、数多くの失敗を繰り返しながら知識を磨き、独自の投資ポリシーを確立して、今日の莫大な資産を築いたのです。

　例えば、バフェット氏には数多くの逸話が知られていますが、その中にこんな話があります。米国がクレジット社会に移行し、アメリカン・エクスプレス（American Express：

Ａｍｅｘ、アメックス）が有望銘柄として脚光を浴びていた頃の逸話だったと記憶していますが、多くの投資資金がアメックスに向かうなかで、バフェット氏は、はじめは頑として投資しませんでした。その理由は「自分がわからない株（会社）には投資しない」。そこで、バフェット氏は近くのレストランに通い、多くの客がアメックスのカードで支払いを済ます姿を確認して、ようやく投資を決断したそうです。これは株式投資の最も大事な考え方のひとつと言っていいと思います。

年利13％で資金運用したある老婦人の投資術

もう10年以上前ですが、私自身もこれとよく似た、ある成功した投資家の実例を聞いたことがあります。その人は80歳を超えた老婦人なのですが、年利にして平均13％もの高利回りで手持ち資金を運用していたというのです。どんなやり方をしていたのか。

そのご婦人は近所のスーパーに買い物に行く度に、商品棚に目を向け、自分の目線の高さにある商品の名前やメーカー、価格などを詳しくチェックしてメモを取りました。目線の高さにある商品は売れ筋の人気商品や、販促キャンペーンをやっている期待の新製品であることが多いからです。

ご婦人は家に帰ると、新聞や雑誌などを調べ、「これは伸びそうだ」と一消費者である自分自身の分析・判断で投資する銘柄を決めていたそうです。

スゴい話だと思いました。日常の暮らしの中で、身近にある生の情報を自分なりに分析して投資する。投資のあるべき姿とは何か、まだファイナンシャルプランナーとして独立したばかりだった私は、今更ながらにこのご婦人に教えてもらったような気がしました。

最近は株・投信でも、FX（外国為替証拠金取引）でも、いろいろな「投資アプリ」が登場し、簡単なスマホの操作で誰でも手軽に投資ができるようになりました。初心者向けの質問に「イエス」「ノー」で答えていくと「あなたへのお勧め商品」を推薦してくれたり、「AI（人工知能）による精緻なデータ解析」を売り物に「最適な買い時、売り時」を指示してくれたりするアプリも登場しています。投資家の裾野を広げるという意味では貢献している面もあると思いますが、はっきり申し上げます。こうした投資アプリで利益が出続けることは絶対にありません。AIのおかげで楽に儲かるのであれば、もうとっくに皆が皆、大金持ちになっているでしょう。

確かに投資で大儲けする人は存在します。私もFX取引で大儲けして都心のタワーマンションに移り住んだ人を知っています。ですがその一方で、自己破産寸前まで追い詰められ、大切な自宅を売らざるを得なかった人も知っています。

一時的にうまくいっても、ずっと勝ち続けることは容易ではありません（私の経験で言えば、ほぼ不可能です）。

楽してお金をもらえる仕事など、世の中にはありません。投資も同じです。もっと言えば、投資は「楽をしたら儲からない」と考えてください。

その5 まとめ

楽をして儲け続けられる方法など、世の中に存在しない！

その6 じゃんけん大会の優勝者を信用してはいけない

「偶然」は「必然」ではありえない

皆さん、「じゃんけん」をしたことはありますよね。子どもの頃はもちろん、大人になった今だって、誰かを選んだり、順番を決めたりするのに、時にはじゃんけんをする機会があると思います。じゃんけんをすれば、必ず勝者が決まります。仮に1000人の大集団でじゃんけん大会をしても、誰かが勝ち続け、最後に1人だけが優勝します。

さて、この優勝者はどうやって勝ち抜くことができたのでしょうか？　来る日も来る日も猛練習をして「じゃんけん力」を磨き、実力で優勝したのでしょうか？

まさか、そんなことはありませんよね。じゃんけんに勝ち続けるノウハウなんてありません。最新の現代科学をもってしても、必勝理論を発見したり、確立したりすることは無理でしょう。読者の中に「一度もじゃんけんで負けたことがない」と豪語する人がいたら、お目にかかりたいものです。そのノウハウが本当だったら、ノーベル賞ものです。

何が言いたいかというと、じゃんけん大会の勝者は単に「運が良かった」だけ、たまたま勝てたに過ぎません。

1000人の中からたった1人だけ勝ち抜いたのですから、「わぉ、やったね！」と拍手喝采して祝福することはあるかもしれません。でも、「こんなスゴい人はいない。是非とも弟子入りしたい」と崇拝の念を抱く人はいるでしょうか？

いるわけがないですよね。だって、この人はたまたま勝っただけなのですから。そんなことは経験的に、誰にだってわかります。要するに、競馬で大穴を当てたケースと同様に、そこには「再現性」がないのです。

金融フェアでよく見る情景の真実とは

ところが、摩訶不思議なことに、投資の世界ではしばしば、この「じゃんけん大会の優勝者」に人々が群がり、称賛と崇拝の嵐が巻き起こります。資産運用フェアのような金融関係のイベントに行くと、その現場を目撃できるでしょう。来場者が群がっているブースは多くの場合、人の輪の真ん中で「投資の神様」などと呼ばれる方が講演しています。「100万円が短期間で1億円になった」といった話を見聞きすれば、投資家心理として、その大儲けした人を天才と思い込み、「この人の話は正しい」と信じてしまいがちになることは、理解できないではありません。

とはいえ、申し訳ありませんが、私はそうしたブースは素通りさせていただきます。なぜならば、その人が儲かったのはある一時点での、一過性の事実に過ぎないからです。ほとんどのお話は参考になりません。

確かに暗号資産（仮想通貨）やFX、あるいは株取引で莫大な利益を得た人はいます。全世界には何百万、何千万、あるいは何億人もの投資家がいるのですから、一時的に大儲けする人も、1000人のじゃんけん大会よりも数多く出現します。

ただし、その人は決して天才ではありませんし、勝ち続けていることもまずありません。「資産運用のプロ」であるファンドマネジャーも同じで、不敗のファンドマネジャーなど存在しません。

ゆえに、目の前に大儲けしたという投資家が現れたとしても、安易に信用しないことです。仮にその人に特別のノウハウ（らしきもの）があると思ったら、あなた自身で分析・検証して

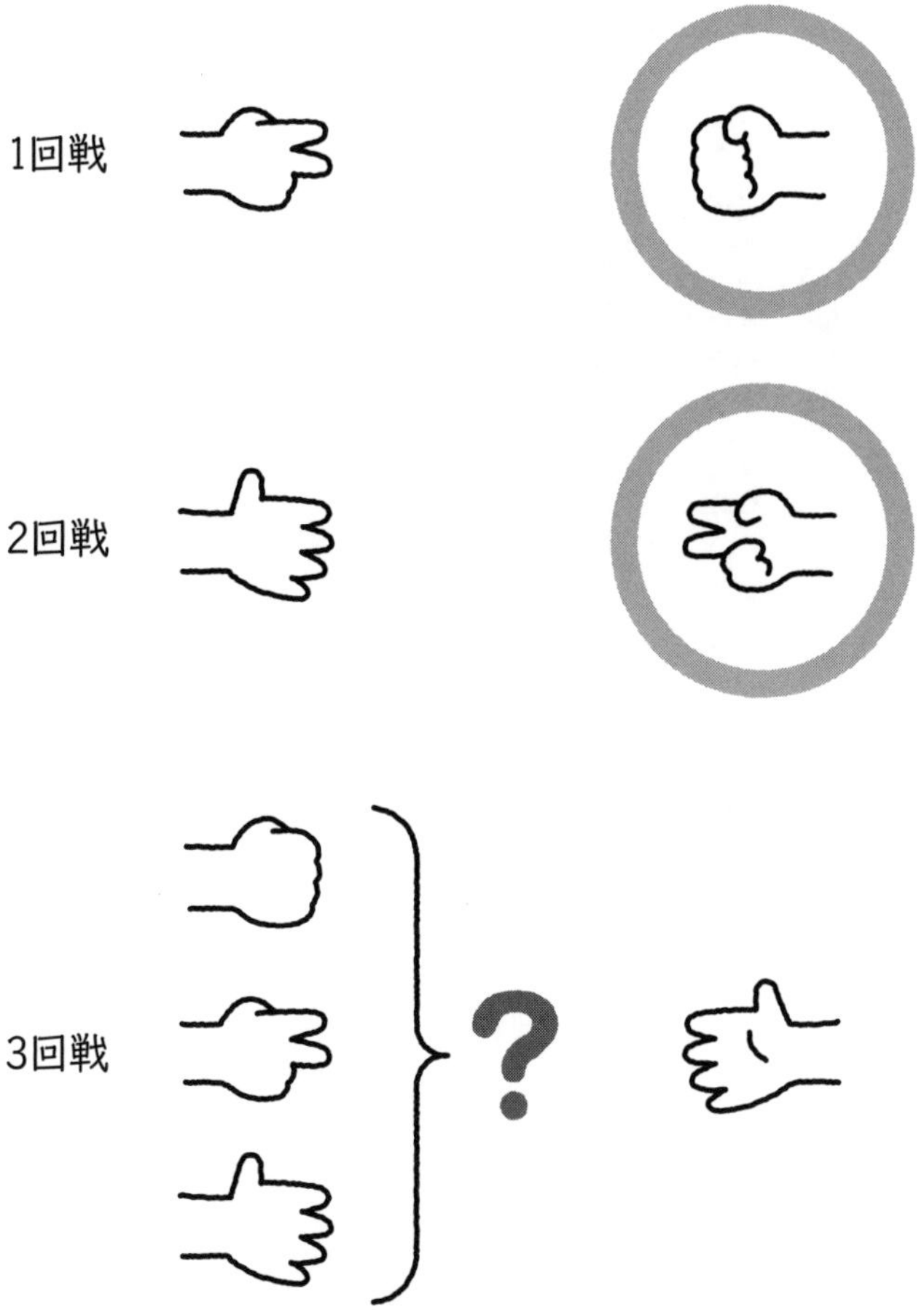

何回やっても勝つ確率は変わらない！

みること。あなたが正しい知識を身につけていれば、恐らく、ほとんどの場合は法則性、再現性に「？」が付く、と気づかれるはずです。
大事なことは、「勝った人が正しい」と単純に考えずに、勝った人の言い分なり、ノウハウなりに再現性があるかどうかを「正しく知る」ことです。

その6 まとめ

偶然「勝った」人のことを正しいと思ってはいけない！

その7 金融機関の営業担当者は「投資の先生」ではない！

金融機関の営業担当者が抱える事情

「次はいつ頃来ればいいかな？」

あなたは理髪店やヘアサロンに行った時、帰り際にこんなふうに聞いたことはありませんか？

こういうのを愚問と言います（ごめんなさい！）。「遅くとも1カ月後には」くらいの答えが返ってくるのが関の山で、「しばらくは大丈夫ですよ」などとはまず言わないでしょう。向こうも商売なので、早く来てもらいたいに決まっているからです。

かのバフェット氏も言っています。「髪を切ったほうがいいかを、理髪師に聞いてはいけない」と。

インターネット通販などはもっと露骨で、「入会金0円キャンペーン中、期限は○日まで！」とか「今なら送料無料＋あなただけへの特典付き」といった宣伝メールが毎日のように飛んできます。

出ました、あなただけよ攻撃！　人の心理とは弱いものなので、このチャンスを逃すと二度とその特典が手に入らないような気にさせられてしまいます。大抵の場合、こうしたセールスキャンペーンはしょっちゅう開催されているのですが……。

これらは売り上げを伸ばすためのビジネス上のテクニック。別に騙しているわけではありません。買うか買わないか、今買うか後で買うかは、あくまでもあなた次第です。

では、ここで質問です。皆さんは証券会社や銀行のセールスパーソン、いわゆる営業担当者をどのように見ていますか？　金融知識は豊富だし、人当たりもいい。いつも親身になって話を聞いてくれる。しかも、相談料は取られない。とても頼もしい存在だと思っている人も多いのではないでしょうか。

でも、忘れてはいけません。金融機関の営業担当者も、仕事で金融商品を販売しているのです。そして、どの証券会社、どの銀行にも「今、売りたい商品」があり、社内では販売強化月間などを設定して、全国津々浦々の担当者にハッパをかけているのです。

私は、社内勉強会の講師として、こうした金融機関の本支店に出向くことも多いのですが、オフィスの壁に1人ひとりの成績を示す棒グラフを張り出しているところをよく見かけます。働き方改革が叫ばれる今の時代も、営業現場の厳しさ、販売競争の激しさは昭和の昔と全く変わっていません。

ビジネスの常識をしっかりと理解しよう

金融機関といえども、営利目的の企業である以上、「売ってなんぼ」の世界なのです。マンション投資を専門に行う不動産販売会社も同様で、早く資金回収したいから、何よりも竣工したばかりの新築物件の販売に躍起になります。

この点は、派手なテレビCMを流して新製品キャンペーンを展開する食品メーカーや化粧品メーカーなどの事業会社と事情は同じ。どの業界にも「会社側が売りたい商品」というものが存在し、あの手この手でお客様に売り込もうとします。これはビジネスの常識であって、営利企業である以上、致し方のない現実なのです。

誤解しないでいただきたいのですが、私は何も金融機関が掲げる「顧客第一主義」や「お客様ファースト」が嘘だと言っているわけでありません。あなたの担当者も決して、強引に売りたい商品だけを売りつけているわけではないと信じます。

ただ、騙されやすい人のところでも言いましたが、「いい人ほど怖いものはない」と思ってください。「私には人を見る目があるのだ」などと過信してはいけません。金融機関で「この人はいい人だ」と思えるような担当者は、たいてい真面目です。であるがゆえに、仕事に対しても真面目に取り組もうとするあまり、会社が勧めたい商品を熱心に売ろうとするかもしれないからです。

少なくとも確かなことは、「営業担当者は決して100パーセントあなたの立場に立って営業活動をしているわけではない」ということ。彼ら彼女たちはあなた専属の投資顧問でもなければ、投資の何たるかを教えてくれる指南役でもないのです。

さらに言ってしまえば、私の見る限り、営業担当者の中には本当に金融知識が豊富なのか、疑わしい人がいるのも事実です。とくに銀行系には、取扱商品が投信などに限られていることもあって、金融や投資に関する全般的な知識レベルが高いとは言い切れない担当者も中には散見されます。自分たちの取り扱う商品を売るのに手一杯で、深く勉強する余裕がないのが実情なのでしょう。こうした実態があることは、一言、申し添えておきます。

要するに、彼ら彼女たちは「投資の先生」ではありません。もし勧められた商品に疑問を感じるような場合には、別の会社の営業担当者に〝セカンドオピニオン〟を聞いてみる方法もあるでしょう。
「売りたいものを売る」のがビジネスの常識であることをよくよく理解して、ほどよい距離感で上手に付き合うことが大切です。

その7 まとめ

「いい人だ」と思った時ほど、その人を信用してはいけないと意識する。投資で利益を得たいのなら、自ら学び、知識を身につけること。

その8 金融機関の販売（売れ筋）ランキングは無視する

最低限知っておきたい商品販売の仕組み

前項のお話をもう少し補足します。

証券会社のホームページや本支店の店頭には、いろいろな「売買ランキング」が掲示されています。よく目にするのは「今月の売れ筋投資信託ランキング」あたりではないでしょうか。

証券会社や銀行などがそれぞれ独自にランキングしているもので、今どんな投資信託商品（投資ファンド）*が人気なのか、利回りはどうなのかなど、あなたの投資戦略の参考になる指標のひとつではあると言えるでしょう。

＊**投資信託（投資ファンド）** 投資家から集めたお金をひとつの大きな資金としてまとめ、運用の専門家が株式や債券などに投資・運用する商品で、その運用成果が、投資家それぞれ

投資信託商品の販売の仕組み

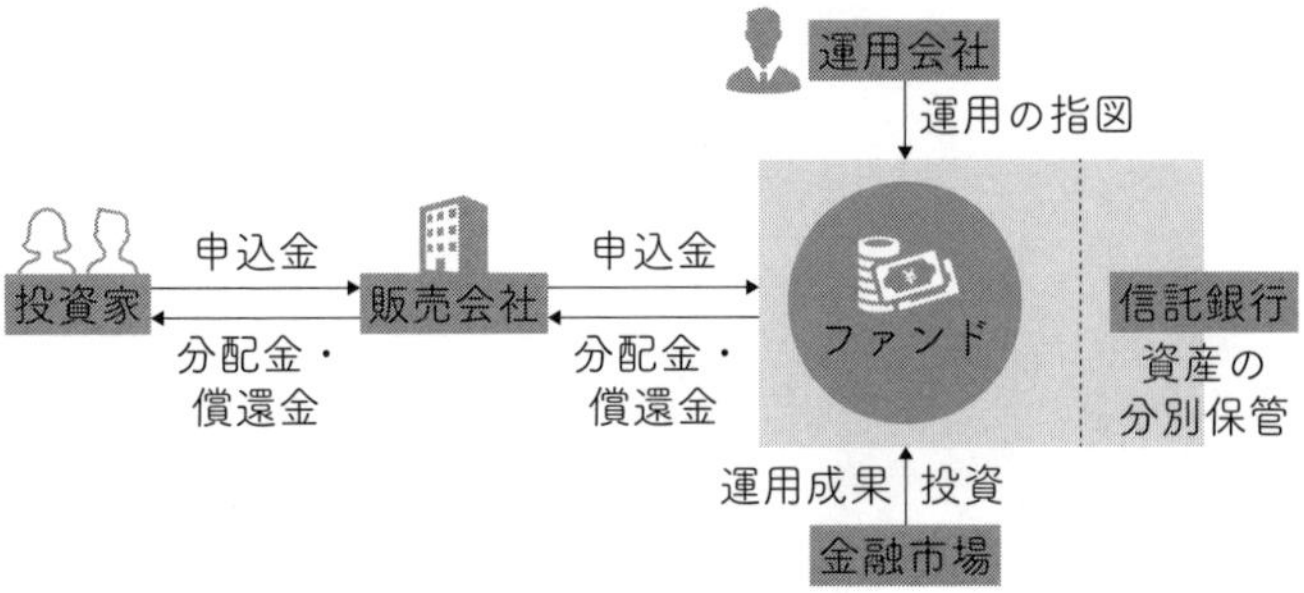

（出所）投資信託協会

の投資額に応じて分配される仕組みの金融商品。集めた資金をどのような対象に投資するかは、投資信託ごとの運用方針に基づき専門家が行う。

ですが、これには注意しなければならないポイントがいろいろとあります。何よりも大事なのは、投資信託商品の「仕組み」をよく理解することです。

まずは「販売の仕組み」。一般に、投資ファンドは投資信託運用会社（アセットマネジメント会社）が設定し、証券会社や銀行などの「販売会社」が皆さんのような個人投資家や企業などに販売します。当たり前ですが、販売する度に、販売会社には運用会社から販売手数料（コミッションフィー）が支払われます。さらに、会社によってやり方はいろいろありますが、個々の営業担当者にも販売奨励策（インセンティブ）として報酬が支払われたり、運用会社から「ポイント」が付与されたりします。あなたがネット通販で買い物をしたり、クレジットカードや電子マネーを使ったりした時にポイントがもらえるのと同じようなものです。

このような仕組みが、実は売れ筋ランキングに大きく影響するのです。例えば、同じ運用会社が作った投資ファンドなのに、A銀行では上位にランクされているが、B証券ではそれより低い。あるいは、ほとんど同じテーマや銘柄で設定され、同じような運用成績を上げている投資ファンドなのに、Xアセットマネジメント社のものはよく売れているが、Yアセットマネジメント社のものはそれほどでもない。素人にはよくわからない話です。

売れ筋ランキングにはからくりがある

こうした一見不可解な現象が起きるのは、販売の仕組みの中に「仕掛け」や「からくり」があるからです。

例えば、販売会社に対する販売手数料（販売報酬）が違う場合があります。運用会社の営業戦略によっては、他社は一律2%なのに、A銀行だけ3%の手数料を支払うといったことがあるのです。この場合、A銀行は当然、この商品を売りたいと考えます。前述した「販売強化月間」で推奨される〝イチ推し商品〟はこうした商品だと考えて、まず間違いありません。会社に「売れ」と言われれば、個々の担当者も暗黙の了解で、必死で売り込みます。営業担当者にとっては、営業成績は勤務査定に直結し、ボーナスに反映されるからです。中身が類似したファンドなのに、X社のものがY社のものよりよく売れているという場合も、多分、X社の方が高い手数料（報酬）を設定しているからでしょう。

もうおわかりだと思います。業界の反発を恐れずに大胆に言い切れば、売れ筋ランキングはまさに、販売会社側が「今、売りたい」と考えている商品のランキングに過ぎないということです。だから、あまり気にすることはありません。無視しても構わないと思います。

こうした「売りたい商品を売る」という傾向は、保険代理店や、ＩＦＡ（Independent Financial Advisor）と呼ばれる独立系の投信販売会社にも見られがちです。もちろん、インセンティブの誘惑に負けず「顧客第一主義」を貫く会社も数多く存在します。投資家には知識と経験を身につけて、販売会社の姿勢を見極める目を養うことが重要といえます。

投信商品には「信託報酬」がかかることをお忘れなく

投資信託に関してはもうひとつ、注意してほしいことがあります。それは、あなた自身が支

投資信託にかかる3つの手数料

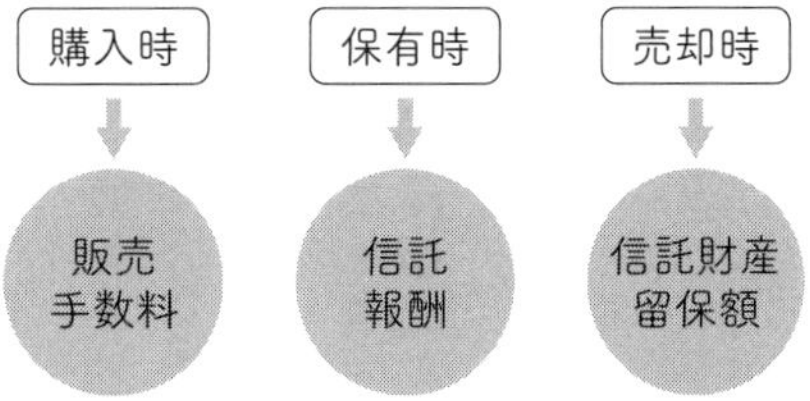

払う手数料のことです。

まず買う時には「販売手数料」がかかります。この販売手数料は、投資家が販売会社に支払う購入時にかかる手数料のことです。これは販売会社や商品によっても異なるし、インターネットで買う場合に安くなる「インターネット割」なども近年では広く普及しています。

見落としがちなのが「信託報酬」です。「運用管理費用」とも呼びます。ひと言で言えば、運用会社に支払う管理・運用の代行手数料です。

図表に投資信託にかかる手数料を簡単にまとめましたが、これにもいろいろなタイプやパターンがあります。

投資信託商品の売買に伴って発生するこうした手数料は、あなたが実際に手にする利益に直結しますから、事前によく調べておく必要があります。

以上をまとめると、要するに、他人がどんな商品を購入しているか、あるいは売却しているかなどは気にする必要はないということです。大事なのは、あなたにとって本当に必要な金融商品は何で、どのように管理・運用していくかに全力を傾けること。勧められるがままに購入したり、他人の行動を見て決めたりするのは、大切なお金を失う原因にもなり兼ねません。バカげた行動です。決してしてはいけません！

その8 まとめ

売れ筋に惑わされず、自分に合った商品選びに徹すること。

その9

「投資は労働」だと思えばうまくいく

苦労した分だけリターンが期待できる

世の中には、「投資というものは、お金がお金を生んでくれるもの。苦労なんかしなくてもお金が増えるもの」と思っている人がいます。しかし、そんなことはありません。寝ていてお金が増えるのなら、誰も、何も苦労をして仕事なんかしませんよね。

当たり前の話ですが、皆さんは仕事をして汗をかき、その対価として給与や報酬を得ています。一生懸命に仕事をしない人は、会社員であれば最悪の場合はクビになり、経営者や事業主であれば取引先から契約を打ち切られます。これが労働です。労働は、「労う《ねぎら》」という言葉と「働く」という言葉でできています。つまり、一生懸命に働いた人を労うために、対価である給与や報酬は支払われるのです。

世の中に楽な仕事などありません。

手を抜いたり、サボってごまかしたりしても、後で必ずしっぺ返しが来ます。手を抜いた分だけ、後で痛い目に遭うのは自分です。逆に、苦労して頑張れば、頑張った分だけの結果が必ずついてきます。仕事とは正直なものです。楽をしようと思ったら、決していい仕事はできませんよね。

投資もこれと一緒。投資は労働なのです。投資は決して「楽にお金を稼ぐ方法」ではありません。普段やっている仕事と同じように、苦労を伴います。投資で成功するためには、それ相応に苦労して、汗をかかなければなりません。けれども、苦労すれば、苦労した分だけのリターンが返ってきます。

労働の対価が給与や報酬だとすれば、投資の対価は「値上がり」ということになるでしょう。

「学び続ける」＝インプット、「実践し続ける」＝アウトプット

では、「投資で苦労する」とはどういうことでしょうか？

ポイントは2つあります。

1つは、投資について一生懸命に学び続け、正しい知識を身につけること。

もう1つは、実際に大切な資産を運用し、実践の場で投資の厳しさ、怖さ、楽しさ、喜びを体感し続けること。

「正しい知識を学び続ける」はいわばインプット、「実践し続ける」はアウトプットです。まさに「継続は力なり」で、「やり続ける」ことが大事なのです。

例えば、あなたがタクシードライバーだったとします。ある日、右足を骨折して入院する羽目に。医師からは「大怪我ですから、仕事に復帰するまで半年くらいは覚悟してください」と言われてしまいました。それでも、あなたは懸命にリハビリに励み、それよりは大分早く職場復帰できました。

とはいえ、すぐに以前と同じように営業運転することができるでしょうか。プロの運転手であっても、ブランクが長ければ長いほど、感覚や勘を取り戻すまでに相応の時間がかかることは想像に難くありません。

プロのアスリートも同じですよね。野球の選手でも、サッカー選手でも、ひとたび大怪我をすれば、ゲームに復帰して活躍するまでには長い時間がかかります。

投資にも同じことが言えます。手を抜いて休んでしまうと、どうしても感覚が鈍ってきます。ですから、毎日少しずつでもいいので、お休みをしないで投資を実践し、市場や経済社会の動きに意識を向け続けていくことが大事です。よく語られる「相場観」といったものは、やはり毎日毎日休むことなく勉強し、研究し続けることによって、磨かれていくものだと思います。

第5項でも述べましたが、最近は金融商品を自動的に売買するとか、ＡＩの指示通りに売買すれば儲かるといった宣伝文句のアプリやソフトウエアが続々と登場しています。それで本当に儲かるのであれば、開発者ご自身がそのシステムを使って、世界一の大金持ちになっているに違いありません。資金運用に四苦八苦しているＧＰＩＦ（年金積立金管理運用独立行政法人）からお声がかかり、日本の年金問題など即解決です。

でも、現実はそう簡単にはいきません。

何度も繰り返しますが、投資にショートカットはあり得ません。投資においては、常に様々な場面に遭遇します。一生懸命かいてきた汗が、冷や汗に変わる緊迫の瞬間に出くわすこともあります。もちろん、時には失敗も経験します。仕事と同じで、いつもいつも順風満帆に行くわけではないのです。

肝心なのは、そうしたいろいろな経験を次にどう活かすか。失敗を成功の糧にするには、汗をかき続けるしかありません。投資に向き合う時には、会社でプレゼン資料を必死で作成している時と同じように真摯なスタンスで挑みましょう。

その9
まとめ

「果報は寝て待て」は、ただ楽して寝ていればよいということではない。
投資も同じで、
リターンは、かいた汗に比例する。

その10 素人が大きな資産を作る「勝利の方程式」はこれひとつ！

投資戦略を制約する3つの変数

資産を増やすには、どうのように考えればいいでしょうか？

考慮すべき要素（変数）は４つあります。１つめが元手となる「資金」。２つめが「年利・リターン（利回り）」。３つめが資金を運用する期間、つまり「年数」です。そして、４つめが「知識（力）」です。

まずは「資金」について。

元手となる資金が多ければ多いほど、小さなリターンでも資産は増やしやすくなります。例えば、年利１％の定期預金に１００万円を預けたとします。すると、税金を考慮しなければ、1年後に手にするリターンは1万円です。同じ定期預金に1億円預ければ、リターンは１００

万円。10億円なら、1000万円です。当たり前ですが、資金量が大きければ大きいほど、得られるリターン（絶対額）も大きくなるわけです。

次に「利回り」について。

同様に、金利が高ければ高いほど、資産は増えていきます。100万円を年利1％の定期預金に預ければ1年後のリターンは1万円ですが、年利2％だったら、2万円になります。これも当たり前の話です。

3つめの「年数」はどうでしょう。

100万円を年利1％で1年間運用すれば、得られるリターンは1万円ですが、そのまま2年間、さらには10年間預けていればどうなるでしょうか。シンプルに単利計算でざっくりと言えば、2年後には2万円、10年後には10万円が得られることになります。これまた当たり前の話です。

ここまでの3つの変数を掛け合わせた「資金×金利・リターン（利回り）×年数」が、いわば投資を行う際の基礎条件になります。つまり、元手が小さければ資産を大きく増やすことは難しくなりますし、金利が低い場合や運用期間が短い場合も、やはり資産を大きくするのは大変です。

図表にひとつの例を示しましたが、資金と利回りと期間のうち、どれか1つでもあれば資産

資金 × 利回り × 年数 × 知識

働く　投資対象　健康

3つのうちどれか1つでもあれば資産はできる

①毎月8300円の資金でも年利50%、15年なら

資金 × **利回り** × 年数 × 知識

毎月8300円　**年利50%**　15年

1億3000万円

②毎年500万円の資産を年利10%、15年では

資金 × 利回り × 年数 × 知識

毎年500万　年利10%　15年

1億7500万円

③毎年50万円の資金を年利10%、40年では

資金 × 利回り × **年数** × 知識

毎年50万　年利10%　**40年**

2億4300万円

④毎年100万円の資金を年利10%、20年では

資金 × 利回り × 年数 × 知識

毎年100万　年利10%　20年

6300万円

を作ることはできます。資金があれば当然、大きな資産を作ることができます。資金が少なくても、利回りが大きければ、やはり大きな資産を作ることができます。また、今は資金がないという若い方でも、その分、長い期間運用できますから、利回りがそれほどでなくても、将来期待できる資産はバカにできません。投資戦略はまず、これら3つの変数に制約されるということがおわかりいただけると思います。

正しい「知識」があれば、お金は増やせる

しかしながら、投資の成否を決める要素はこれだけではありません。軽視されがちなのですが、4つめの「知識（力）」こそが最も重要な変数である、と私は考えます。知識があれば、基礎条件の制約の中でも、最大限にパフォーマンスを高めることができるのです。

例えば、投資商品の選択肢を広げたり、運用期間を調整したり、リスク分散を図ったり、あえてリスクを取りにいったりすることができるようになります。要するに、投資戦略の幅が広がり、柔軟性を増すことができるのです。

もちろん、ここで言う知識とは、しっかりとした正しい知識でなければなりません。にわか

知識は怪我のもと、リスク度を高めてしまいますので要注意です。本物の自動車を運転したことのない人が、ゲームセンターのシミュレーションゲームが得意だからといって、いきなり自動車を運転して公道に出たらどうなるでしょうか？　あるいは仮免見習い中の人が、F1ドライバーの高度なテクニックを聞きかじりのにわか知識で真似しようと思ったら、どうなるでしょうか？　いずれも大惨事になりかねませんよね。自分自身のレベルに合わせてコツコツと実践して得られる知識こそが、真の知識ということです。

以上のことから、私は次のように定義しています。

資産を増やす勝利の方程式＝資金×年利・リターン（利回り）×年数×知識(力)

この方程式をしっかりと認識していれば、お金を増やすことができるようになります。リスクを最小限に抑え、着実に資産形成していくことは、誰にでも十分に可能なのです。

冷静に考えれば、誰でも納得できる方程式だと思うのですが、こと資産運用となると、多くの人が冷静さを失いがちです。とりわけ「知識（力）」については忘れている、あるいは軽く考えている、もしくは最初から考慮していない。それが実情ではないでしょうか。

もしこの方程式の知識（力）がゼロだった場合は、掛け算ですから勝利の方程式から勝利はゼロということです。

おいしい話を聞くと、すぐによそ見をする。誰かが儲かったと聞くと、今度はそちらを振り返る。そんな人があまりにも多くて、ちょっと悲しくなります。お金が絡むと、人の心理は流されやすくなってしまうものです。くれぐれもご用心！

その10 まとめ

基本が大事。当たり前のことを軽視してはいけない！

その11 複利効果の本当の意味

1日1％の成長で、1年後には？

ここでは「自分の成長」について考えてみましょう。これは私どものグローバルファイナンシャルスクール（Global Financial School）のオーナー経営者である上野由洋氏がいつも生徒さんたちに問いかけている重要な事柄です。

「もし私が1日に1％ずつ人間的に成長できたとしたら、1年後にはどうなっているでしょうか？」

1日に1％だから、1年365日として3・65倍？　いえいえ、そんなものじゃありません。1年後には実に約37・78倍になるのです。1年365日、毎日コツコツとたった1％でも人間的に成長しようと努力し続けていけば、1年後、5年後、10年後、私たちは気づかぬうち

複利効果と長期運用の魅力

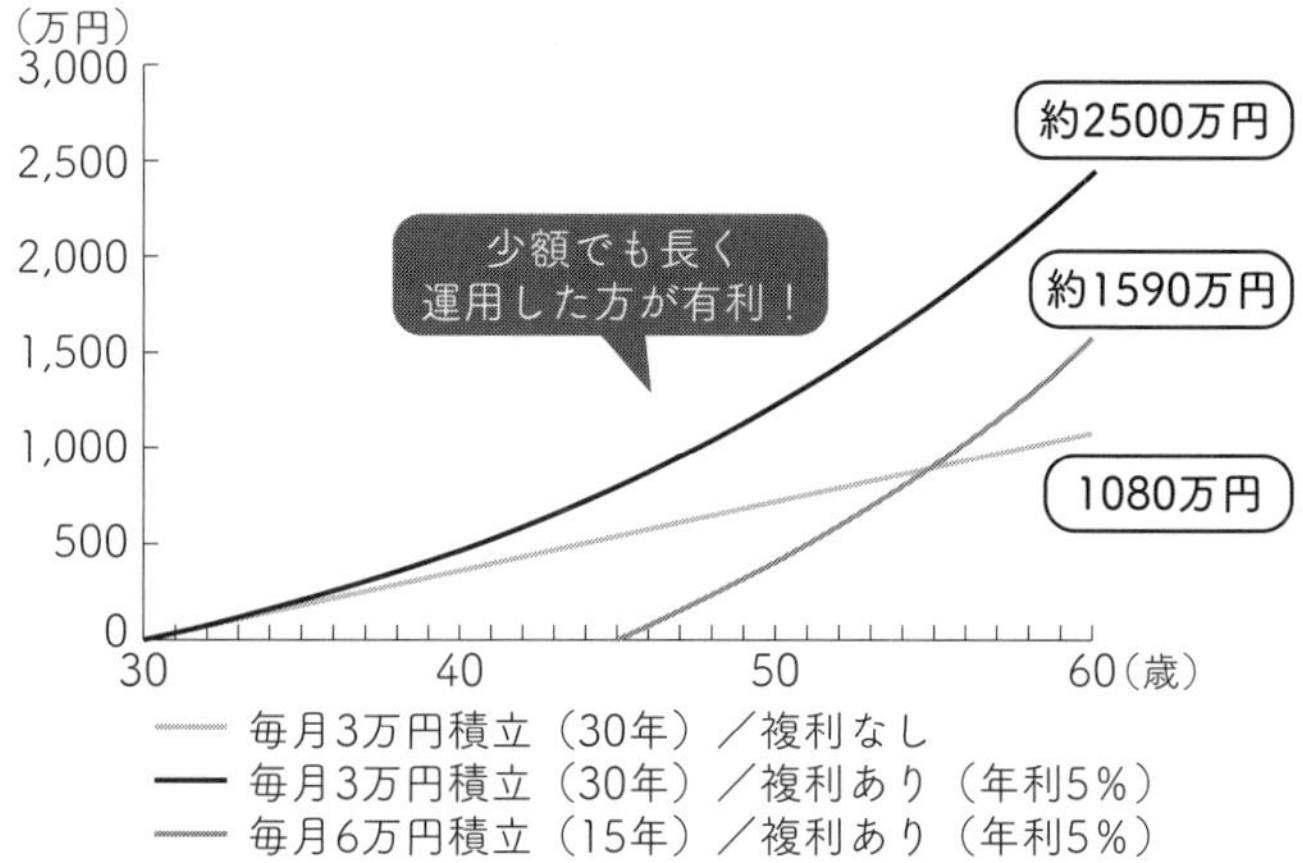

（出所）東証マネ部！（https://money-bu-jpx.com/news/article000379/）

に成長し、より豊かな人生を送れるようになっているはずです。

　これがいわゆる「複利効果」です。1日に1%分ずつ増えていく利益を翌日また投資に回すことで、「利息が利息を生む」形になって、大きな果実に育っていくのです。まさに「ちりも積もれば山となる」です。

　投資においても、最も大事な考え方はこれです。日々のわずかな資産の成長であっても、決して侮ってはいけません。大事なのは、ブレない信念を持ち、コツコツと積み上げていくこと、小さな成長を継続することです。

　バフェット氏は1964年に投資を始めて以来、年平均20%のリターンを得ているといいます（本書執筆時点）。当然、バフェット氏の資産も複利で運用されているので、元手は半世紀後の2014年には約9100倍となり、さらに55年後の2019年には2万2645倍という驚異的な数字になっている計算です。これはあくまでも仮定の試算ですが、当たらずといえども遠からず、でしょう。

ここで、ことわざをもうひとつ。それは「時は金なり」です。アメリカ合衆国建国の父、ベンジャミン・フランクリンの言葉で、英語では「Time is Money」。「時間はお金と同様にとても貴重な資産、決して無駄に浪費してはならない。有限である時間を有意義に大切に使おう」という意味合いです。自分の時間をどう使おうがその人の自由ですが、大切に使うことで得られる対価はとてつもなく大きいのです。それは「自分の成長」でも、「資産の成長」でも同じです。

ひとつだけ、お金と時間に違いがあるとすれば、「リターン」が存在するかどうかです。時間は誰にとっても同じ長さですが、お金は運用の仕方によって大きく違ってきます。仮に元手資金に対するリターンが10％であれば、あなたは10％の利益を手にすることができます。元手資金を年利10％で10年間運用できたとすると、複利効果で10年後には約2・59倍になります。20年間なら約6・73倍、30年間なら約17・45倍です。つまり、運用期間が長ければ長いほど、資産の増え方は複利効果でどんどん大きくなっていくわけです。

誰もゆっくりと金持ちになろうとは思わない！

株式投資にはボラティィリティ*（ブレ幅）があるものの、長期投資で最も多くのリターンを得られるのは株式投資だとされています。例えば、あなたに子どもが生まれた時に、その子の将来のために100万円を米国の株式に投資したとしましょう。うまく年平均10％のリターンを得られたとしたら、その子が50歳になった時、100万円の元手は1億円を超え、70歳になった時にはなんと約7億9000万円になります。

＊**ボラティィリティ**　株価の値動きの幅（大きさ）を表す。基本的にはパーセントで表し、値動きの幅が大きいほどボラティィリティは高く、値動きの幅が小さいほどボラティィリティは低くなる。

多くの人は目先のリターンにばかり注目し、そのリターンばかりを高め、追うことだけに努力を傾けがちです。けれども、私はそれと同じかそれ以上に「時間を最大化する」ことに努力してほしいと思います。バフェット氏はこんなことを言っています。

「株の理想の保有期間は『永遠』だ」

また、株式投資を結婚にたとえて、こうも言っています。

図表1　米国の主要金融商品のリターンの推移

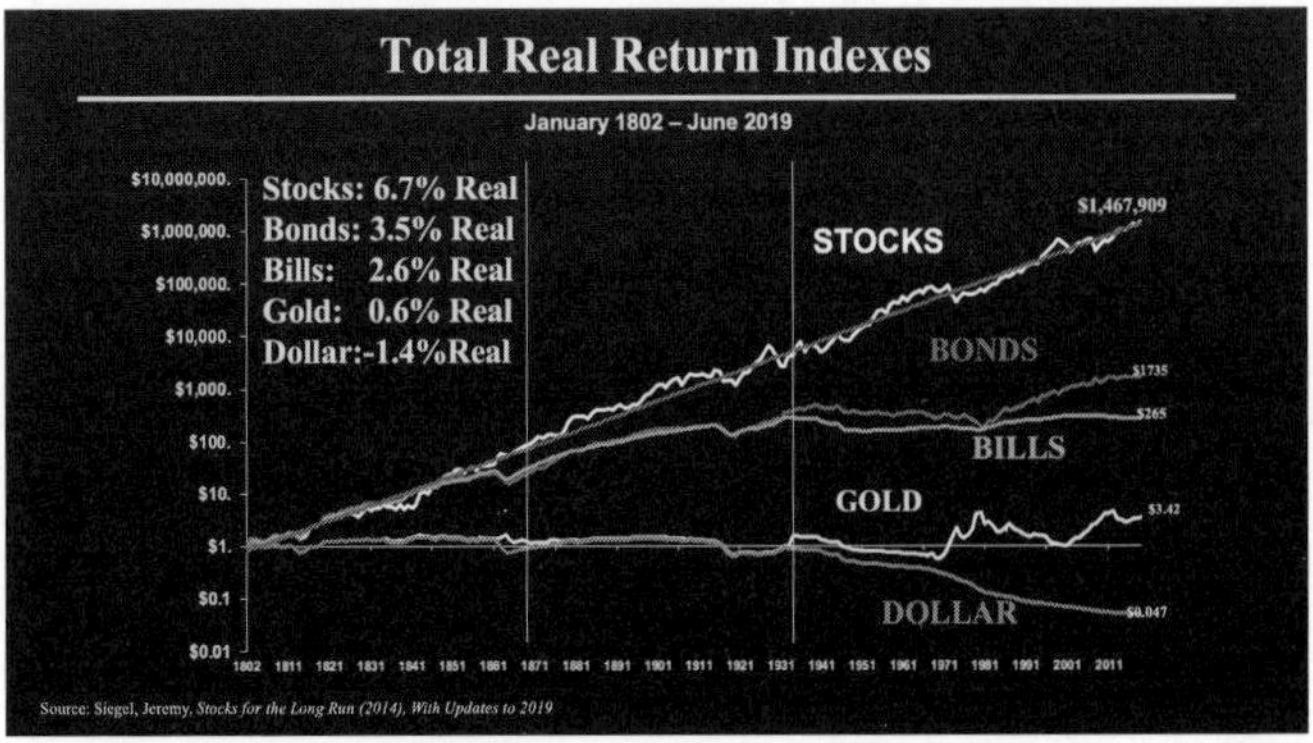

（注）STOCKSは株式、BONDSは債券、BILLSはT-Bill（国庫短期証券）、GOLDは金、DOLLARは現金（ドル）
（出所）ジェレミー・シーゲル教授作成

「教会で結婚式を挙げた時のような気持ちで投資をしなさい、一生添い遂げるつもりで」

　このように複利のマジックで巨万の富を築いたバフェット氏に、アマゾンの共同創設者でCEO（最高経営責任者）のジェフ・ベゾス氏が「なぜ、みんな、あなたの真似をしないのだろう?」と聞いたことがありました。すると、バフェット氏は「ゆっくりと金持ちになりたい人なんていないからさ」と答えたそうです。人の世の真理を突いた、実に鋭い洞察ではないでしょうか。

　バフェット氏ほど大成功するのは容易なことではないかもしれませんが、複利を上手に活用すれば、資産を10倍、100倍、いや1000倍に増やすことだって十分に可能です。そのことを頭では理解できても、多くの投資家は我慢することができず、誤った情報に惑わされ、目先のチャンス（らしきもの）に踊らされ、失敗してしまうのです。

もう一度、繰り返します。投資では、複利効果を最大限に活用することが何よりも大事です。長い道のりを、長い時間をかけて、コツコツと一歩ずつ歩むことができる人だけが、やがてとてつもない境地にたどり着くことができるのです。

人生も、仕事も、そして資産運用も、地道に努力を継続できた人のみが報われるものだと、私は考えます。

その11 まとめ

「ちりも積もれば山となる」×「時は金なり」＝「継続は力なり」

その12 投資対象は株式、債券、不動産の3つだけでいい

2つの大事な視点

自分の大切なお金を効率よく運用するためには、どんな投資商品を選択すればよいでしょうか？　これは全ての投資家が思い悩む、投資戦略の根本に関わる問題です。

投資対象を選ぶ際に自問自答していただきたい視点が、2つあります。第1が、その投資によって「人間のオーナー」になれるかどうか。第2が、その結果として「社会的価値を生み出す」ものかどうか。この2つを併せて考えると、投資の選択肢はぐっと狭まります。

結論を先に言います。一般の個人投資家であれば、とりわけ初心者の場合は、株式、債券、不動産の3つに絞ることを推奨します。この3つに集中しておけば、FX投資だの、金投資だのと、あれもこれも手を出す必要はありません。キョロキョロしない方がよろしいかと思いま

す。ここは大事なポイントですから、その理由を詳しく説明していきましょう。

あなたが今、「人間のオーナーになれる」と「社会的価値を生み出す」という2つの条件を踏まえて、企業への投資を行うとします。企業に投資する方法は一般に2つあります。1つは株式を買う方法（株式投資）、もう1つは社債を買う方法（社債投資）です。

ここでは例として、時価総額が日本一大きいトヨタ自動車に投資することにしましょう。株式投資であれ、社債投資であれ、トヨタ自動車はあなたや他の投資家から集めた資金を使って事業を行い、それによって売り上げを上げ、利益を獲得します。

同社には連結ベースで約36万人の従業員がいます（2020年3月末現在）。仮に全従業員が1日8時間働いたとしたら、総労働時間は約288万時間になります。つまり、トヨタ自動車ではこれだけたくさんの人たちが、これだけたくさんの時間を費やし、一生懸命に汗水流して自動車を製造して販売することによって、利益を生み出しているわけです。この「利益を生む」行為が、すなわち「価値を生む」ということです。これが経済活動の本質です。

さて、株式に投資した人は「株主」になります。株主は等しく、それぞれが投資した株式の数に応じて、生み出された利益の中から配当金をもらう権利を持っています。よく「会社は誰のものか」という議論がありますが、事業の元手となる資本を提供した株主が「利益の分け前」を配当の形で受け取ることができるのは、株主の正当な権利と言えます。また、業績が伸びれば、株価が購入時点よりも値上がりすることも期待できます。これが資本主義の仕組みです（詳しくは「教えの13」を参照）。

言い換えれば、全ての株主は、たとえ少しの株式しか持っていない人であっても、その会社のオーナーなのです。つまり、この例で言えば、株主であるあなたはトヨタ自動車の社長さんを含めた経営者や従業員たちのオーナーになるということです。

株式ではなく、社債に投資した場合も同じように、同社が事前に約束した利率に応じて利子を受け取ることができます。社債は会社にとっては借金（負債）ですから、あらかじめ返済期限（償還期間）が決められており、満期が来たら全額を返済（償還）する義務があります。投資する側から見ると、満期が来たらお金が返ってくるので、そのまま投資を続けようと思う時は、改めて買い直さなければなりません。この点が、ずっと持ち続けることができる株式との違いです。

いずれにせよ、社債に投資した場合も、会社側はそれを元手に事業を行って利益を生み出すわけですから、幅広に解釈すれば、やはり「会社で働く人たちの（一時的な）オーナーになる」ことを意味すると言ってもいいでしょう。株式や債券を組み合わせた投資信託への投資も意味は一緒です。

国債を買うことは、「国民のオーナー」になること

同じ債券でも、社債ではなく、国が発行する国債はどうでしょうか。この場合も間接的に「人間のオーナー」になります。

例えば、日本政府が発行する日本国債に投資した場合、日本政府は集めた資金を使って、国民のために様々な事業を行います。道路や橋などを作る公共事業や災害復興事業、直近ではコロナ禍で疲弊した事業者を支援する「Ｇｏ ｔｏ キャンペーン」などが典型例です。これらの事業を通じて、多くの人たちが働く場を得て仕事をし、社会的価値を生み出しているのです。つまり、「国債を買う」ということは、投資家であるあなた自身を含めたその国の「国民のオーナーになる」ということになります。

「人間のオーナーになる」という言い方は少々どぎつく聞こえるかもしれませんが、要するに、「価値を生み出す人間の営み」に投資をすること、もっと言えば、「お金を出すことで、働く人たちと一緒に価値を生み出す」ことをこう表現しているのです。

株式や社債のほかにもうひとつ、「人間のオーナーになって社会的価値を生み出す」という条件に当てはまる投資対象があります。それが不動産です。

不動産とはここでは土地・建物を指しますが、例えば、あなたが土地を買って、ワンルームマンションを建てたとします。すると、各部屋に入居した人たちはそこを生活拠点にして仕事に行ったり、学校に通ったり、あるいは年金をもらったりしながら、オーナーであるあなたに家賃を支払います。これによって結果的に、人間のオーナーになって社会的価値を生み出すことになっていくのです。

ただし、不動産投資については、人口構造の変化やコロナ禍等の不測の事態によって需給変動リスクが高まる可能性があることに加えて、近年は入居者保証システムのあり方などを巡ってトラブルも多発していますので、十分に注意することが必要です。

FXで確実に儲ける方法は、取引仲介会社を作ること⁉

それでは、FX投資はどうでしょうか。FXなどの外国為替取引は、元々は外国と貿易をする会社が決済をしやすくしたり、為替変動リスクを小さくしたりするために生まれたもので、簡単に言えば「お金でお金を売り買いする」特殊な取引です。つまり、そもそもが株式や債券のような「人間のオーナーになるための投資」とは全く目的や性格が異なる投資です。それでも、貿易会社であれば外国と製品・サービスを取引することで社会的価値を生み出しているわけですから、それは「人間のオーナー」につながる投資と言えるかもしれません。ですが、貿易業務とは縁もゆかりもない一般の個人投資家が行うFX取引は、「人間のオーナー」になることとは全く無関係のものだと言っていいと思います。

実際、FX取引では短期間に売買を繰り返して利ザヤを稼ぐことが、利益を上げる主な手段になっています。ここでは長期保有という考え方は存在しません。さらに言えば、私はこの業界に身をおいて20年以上経ちますが、「FX投資で儲け続けている」という人に出会ったことがありません。プロの投資家でも手痛い目に遭うのが日常茶飯事の極めてリスクの高い投資対象のひとつなのです。丁半博打と言ったらさすがに言い過ぎかもしれませんが、ここに参加する人は「投資家（インベスター）」というよりも「投機家（スペキュレーター）」だと私は思っています。

これは本当の話ですが、あるFX取引仲介会社の社長さんが「FXで儲かる秘訣を教えてください」と聞かれた時、こう答えました。

「あなた自身が取引仲介会社を作ることだ」

取引業者はあなたが取引を行う度に手数料を取るからです。あなたが儲けようと、損をしようと、取引が行われる度に確実に手数料が入ってくる仕組みになっているのです。だから、取引仲介会社を作るのが一番確実だというわけです。

もちろん、やるかやらないかは個人の自由です。しかし、せっかく大切なお金を使って投資をするなら、人が働いて価値を生み出すことにつながるものにしたいと思いませんか。投資も社会を支える大切な人間の営みのひとつであり、それは人々が豊かで幸せに暮らすことに貢献するものであるべきだと、私は信じて疑いません。

その12 まとめ

「人間のオーナーになって価値を生み出す」ものが真の投資である！

その13

投資の出発点は「資本主義とは何か」を理解すること

資本と労働を上手に活用することで利潤を追求する経済システム

言うまでもなく、日本は資本主義（Capitalism）の国です。私たちは資本主義の仕組み、枠組みの中で仕事をし、生活をしています。では、ここで質問です。そもそも資本主義とはいったい何でしょうか？

「資本主義」という概念は、1850年にフランスの社会主義者であるルイ・ブランによって、現在の意味合いで使用されるようになりました。「主義」とは言っても、私たちが日常のビジネスシーンなどで「資本主義」という言葉を使う場合、そこに政治的な主義・主張や特定の思想・信条を込めることは少ないでしょう。

ここで言う「資本主義」とは、「資本主義経済」もしくは「資本主義経済体制」を指す言葉と考えてください。

「資本」とは、経済活動に用いる資金や資材を意味します。「投資」とは文字通り、そうした資産（asset）に対して資本を投じることであり、資本を投じられた資産はさらに新たな資本を産み出す。これが基本的な資本の仕組みです。

よく経済を人間の体にたとえて、「お金は経済を動かす血液」などと言ったりしますが、まさに経済という体に血液を注入して、体を元気にしようという行為、それを「投資」と呼ぶことができるでしょう。

資本主義が誕生する以前、人々がモノやサービスを生産するのは、もっぱら本人や家族が食べたり、使ったりする、つまり自分たちで消費するためでした。自分たちが作るモノ以外に欲しいものがある時は、物々交換によって手に入れました。

ところが、文明が発展すると、人々の生産活動は拡大し、消費への欲求も増大していきます。そこで人間は「お金（＝資本）」という便利な道具を発明します。資本主義の始まりです。資本主義における生産活動は、それまでの自家消費のためではなく、社会の消費ニーズに応えるためのもの、つまり「利潤（利益）を得るための生産活動」へと発展していきます。資本主義は18世紀にイギリスで起こった産業革命によって飛躍的に高度化し、現在のような仕組みができあがりました。

こうして発展した資本主義を改めて定義すると、「生産手段を持つ人（＝資本家）が生産手段を持たない人（＝労働者）に賃金を支払って雇い入れ、資本家の資本と労働者の労働をうまく組み合わせて活用することによって利潤を追求する経済システム」と言えます。

あなたもすぐに「資本家」になれる！

なぜ突然こんな理屈っぽい話をしたかというと、この資本主義の基本原理こそが、前項で述べた「人間のオーナーになれる投資であることが大事」という私の考え方の根拠になっているからです。

資本主義経済体制の下では、「資本を持つ」ことがいかに大きな意味を持つか。誤解を恐れずに、あからさまに言ってしまえば、資本主義経済体制では資本家になることが大きな利益を得る最も有力な手段であり、社会的な成功への近道なのです。

図表は、1980年以降の労働分配率を示したものです。労働分配率とは、企業が生み出した付加価値のうちどれだけが労働者に分配されたかを示す指標で、これが米国よりも低く、30年前と比べて低下したまま停滞していることがわかります。

労働分配率は停滞が続く

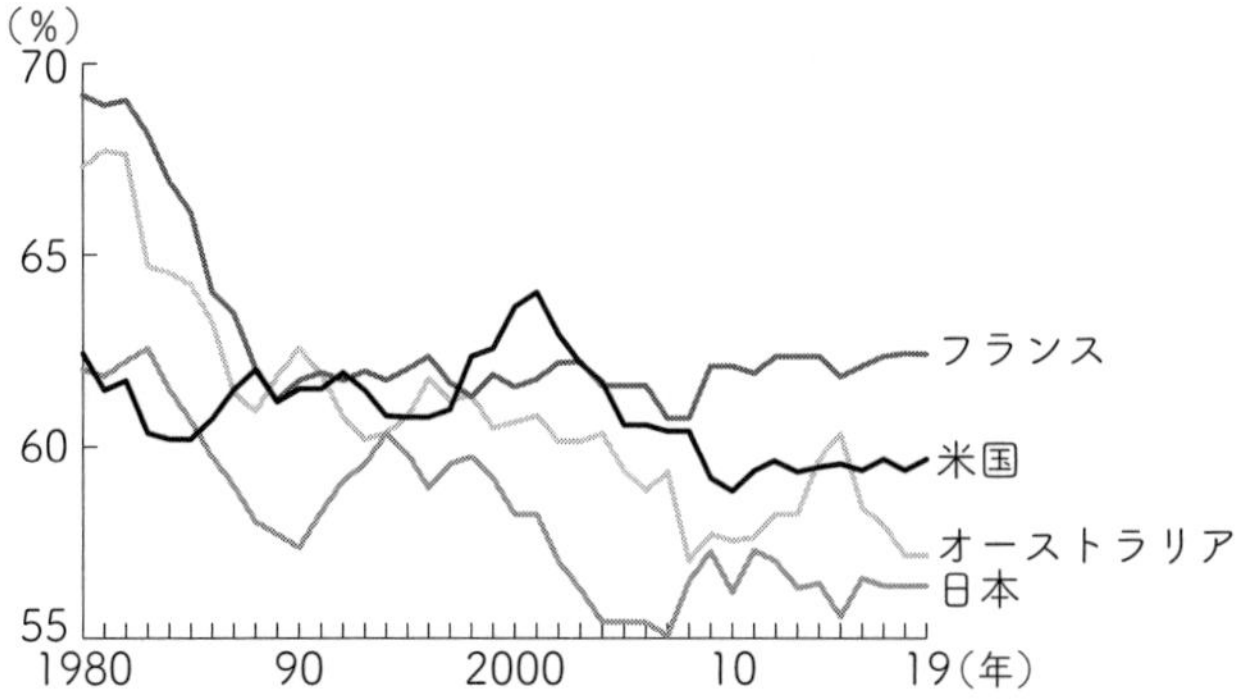

(注) 米セントルイス連銀のデータより作成、GDP比
(出所) 日本経済新聞 (2021年2月25日)

よく考えてみると、労働者が企業と労働契約を結び一生懸命働いて得られる給料は、その上限がある程度決められてしまっています。春闘などでベースアップの交渉が行われ、少しは前年より上がるかもしれませんが、企業が利益を上げたからといって、それがそのまま賃金に反映されることはありません。つまり、この視点からすると、とても大雑把な見方ではありますが、いつまでも労働の側にいるのは損だということが言えるかもしれません。

「あ～ぁ、自分も大金持ちの家に生まれたかった」などと嘆くことはありません。私たち一般人だって、資本家になることは可能です。2つの方法があります。

1つは、あなた自身が会社を興し、オーナー経営者になること。事業を大きくして、株式公開を果たせば、保有する株式についた価値の分だけ資本が増え、あなたは立派な資本家です。

実際、世界のお金持ちランキングを見ても、上位にいる大富豪のほとんどがＧＡＦＡに代表される大企業の創業経営者です。彼らの多くは経営権を確保するために大量の自社株を保有しており、その結果、株価の上昇により資産価値を増大させています。日本も同様で、ソフトバンクグループの代表である孫正義さんを筆頭に、ベンチャー企業を創業し、大企業に成長させた創業経営者が上位に並んでいます。

会社を興すのが無理でも、まだ諦める必要はありません。もう1つ、方法があります。それは株主になること。ある会社の株式を購入すれば、あなたは株主という名の立派なオーナー、つまり資本家になるのです。株主には持ち分（株数）に応じていろいろな権利が付与されます。経営に口出しすることもできれば、配当金をもらうこともできます。

例えば、ソフトバンクグループに投資すれば、あなたは同社の経営に参画することができます。言い換えれば、代表である孫正義さんを雇っているのと同じことになるのです。もっとも同社の場合、孫さん自身が大株主ですから、あなたの意向通りに仕事をしてくれるかどうかは、また別の話になりますが……（笑）。

日々の糧を得ることから始まった人間の経済活動は、現代の高度な資本主義経済へと発展を遂げました。

けれども、その根底にあるのは、石器時代と同じように「より豊かな暮らしをしたい」という人間の本能であり、そのために頑張っている人々の努力です。そうした努力の結晶として産み出された価値が、さらに豊かで幸せな生活を求めて、株式などの資本となって再投資されるのは、自然の摂理ではないでしょうか。「人間のオーナーになれる投資」とは、この摂理に則った投資ということなのです。

その13 まとめ

資本主義経済で成功したければ、資本家になること。

その14 投資対象を選ぶ時は、必ずリターンを「年利」に換算する

金融商品のリターンは基本的に「年利○%」で表現

投資の世界ではよく「儲けはリスクとリターンの大きさに関係する」と言われます。

図表1は、主な投資商品のリスクとリターンの関係性を表した基本の基本のイメージ図です。

例えば、預貯金は元本保証されているのでリスクは小さいものの、利子も低い「ローリスク・ローリターン」型の商品です。一方、株式はリスクが大きい半面、大きな値上がり益（キャピタルゲイン）が期待できる「ハイリスク・ハイリターン」型商品と言えます。

ここでいうリスクとは「結果の不確実性」のことで、ブレ幅（変動幅）の大きさを指します。リスクの小さい資金運用は損失の可能性は小さいのですが、その一方でリターンも小さく

なります。反対に、リスクの大きな運用は大きなリターンを得られる可能性がありますが、その半面、大きな損失をこうむる可能性も高くなります。

いずれの場合も、金融商品のリターンは基本的に「年利○%」という言い方で表現されます。これは基本中の基本、とても大事なポイントですので、絶対に覚えておいてください。どんな時に役立つか。次のようなケースで考えてみましょう。

ある日、あなたのところに〝特別な〟投資話が舞い込んできました。「今なら1口100万円から投資できます。こんなチャンスはもう二度とありませんよ!」という触れ込みです。なんでも海外の有力な投資会社が運用する商品で、元本が事実上保証されていて、しかも毎月のリターンが20%もあるというではありませんか!

図表1　投資対象のリスクとリターンの関係

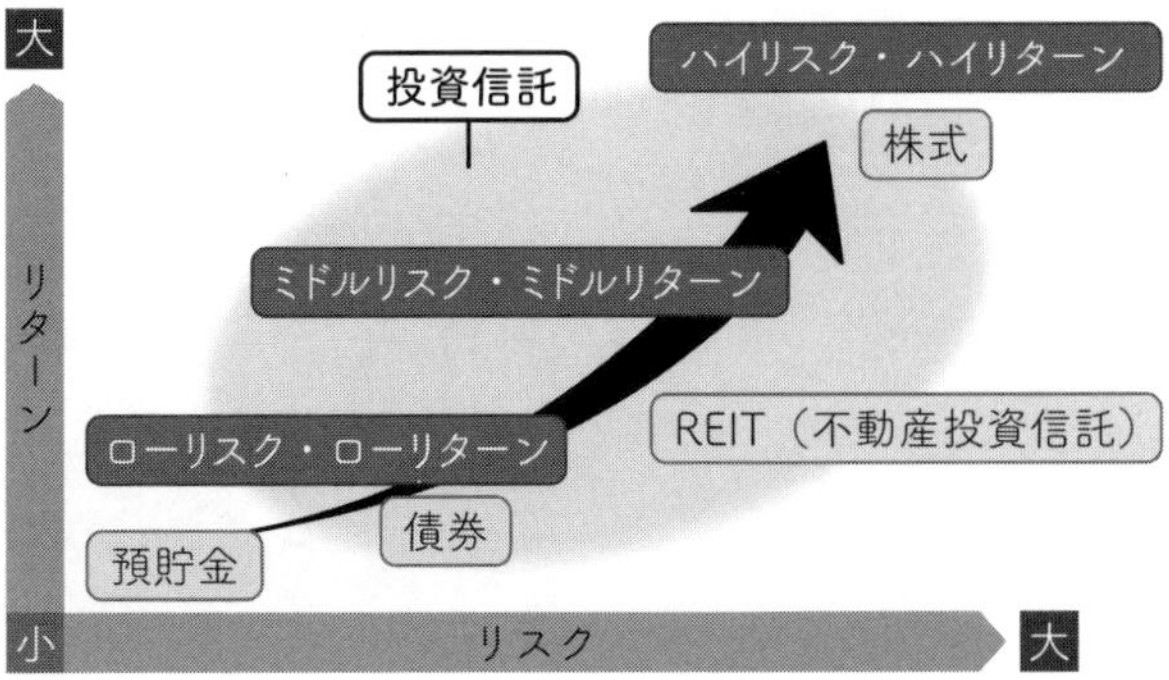

（出所）東海東京証券のiDeCo説明資料より

毎月20％ということは、5カ月で元が取れる計算です。その後はひたすら利益が積み上がっていくわけですし、元本も保証されているというのですから、なるほど、これは魅力的です。

でも、ここで頭を冷やして、「年利○％」の話を思い出してほしいのです。確かに、ある金融商品に投資した結果、20％を超えるリターンを得ることはあり得ます。ちなみに2020年11月30日のデータで見た、投資信託（ファンド）と株式の当月1カ月間のリターンの上位銘柄のランキングでは、例えば、東京ドームの株価は1カ月間で28・6％も値上がりしています。ちょうど三井不動産が1株1300円で株式公開買い付け（TOB）を行い、同社を買収する計画を発表し、東京ドームの株価が大きく動いた時期で、このニュースは読者の記憶にも新しいところだと思います。

「ポンジ・スキーム」と「十一《といち》」に見る騙しのテクニック

このように、一時的にリターンが大きくなることは、株や投信商品では決して珍しいことではありません。しかし、毎月毎月コンスタントにこのような大きなリターンが続くことは、そうそうあることではありません。

14 投資対象を選ぶ時は、必ずリターンを「年利」に換算する

「毎月20％」と聞かされた時、あなたは頭の中でどんな計算をしたでしょうか？「預金金利は0・01％だから……」と、瞬間的に「20％」と「0・01％」を比べてしまいませんでしたか？

もうおわかりのように、この比較は間違っています。

預金金利の0・01％は「年利」の話、かたや毎月20％は「月利」の話です。単純に年利に直すと、20％×12カ月でなんと240％。こんな商品が怪しくないわけがありません。けれども、目の前にいかにも現実的っぽい、小さく見える数字を示されると、ついつい騙されてしまう人が少なくないのです。

しかも、この商品は元本が保証されていると言っています。それも「事実上」とか何とか、妙な表現が付いて……。日本で元本が保証されている金融商品は、銀行預金・郵便貯金1000万円とその利息だけです。そもそも、ここで「詐欺だ！」と気づかなければいけません。

詐欺には、2羽の鳥がいると言います。騙す「サギ（詐欺師）」と騙す標的にされる「カモ（被害者）」です。詐欺師は巧みにお金を集めて最後はドロンします。高い利回りを目の前に提示しておきながら、次から次へと出資金を集め、実は運用などはしておらず、集めたお金の一部を配当金と称して配っていたに過ぎないので、出資者が少なくなってきたら、そのまま逃げてしまうということもよくあります。

このような騙しのテクニックを使った詐欺の手口を、有名な詐欺師の名前を取って、「ポンジ・スキーム」と呼びます。要するに、言葉巧みに出資者から資金を募り、さも運用しているかのように見せかけて（実際には何もしないで）、そのお金を別の出資者の配当金に回しながら、次々と顧客を増やし、巨額のお金を騙し取る手口です。日本では出資金詐欺とも言いますが、米国では100年以上前からたびたび繰り返されていて、元NASDAQ会長が加担した事件などが有名です。日本でも同様の詐欺事件がいくつも摘発されていますし、最近では暗号資産（仮想通貨）のポンジ・スキームも発覚しています。

当たり前の話ですが、ポンジ・スキームは、最後は必ず破綻します。そして、詐欺師はお縄になります。けれども、出資者のお金はどこかに消えてなくなり、ほとんどの場合、1銭も戻ってきません。

故に、怪しげな儲け話に誘われた時には、必ず「年率換算」すること！　立派なパンフレットに惑わされることなく、冷静に書かれた利回りの数字が月利なのか、年利なのか、よく確かめてください。そうすれば、その資金運用計画がいかに現実離れしたものかがすぐにわかるはずです。

ちなみに、小さい数字を示して相手に錯覚を起こさせる古典的な手口に、「十一《といち》」があります。読者の皆さんも聞いたことがあるのではないでしょうか。

図表2　カシオが提供している便利な計算ページ

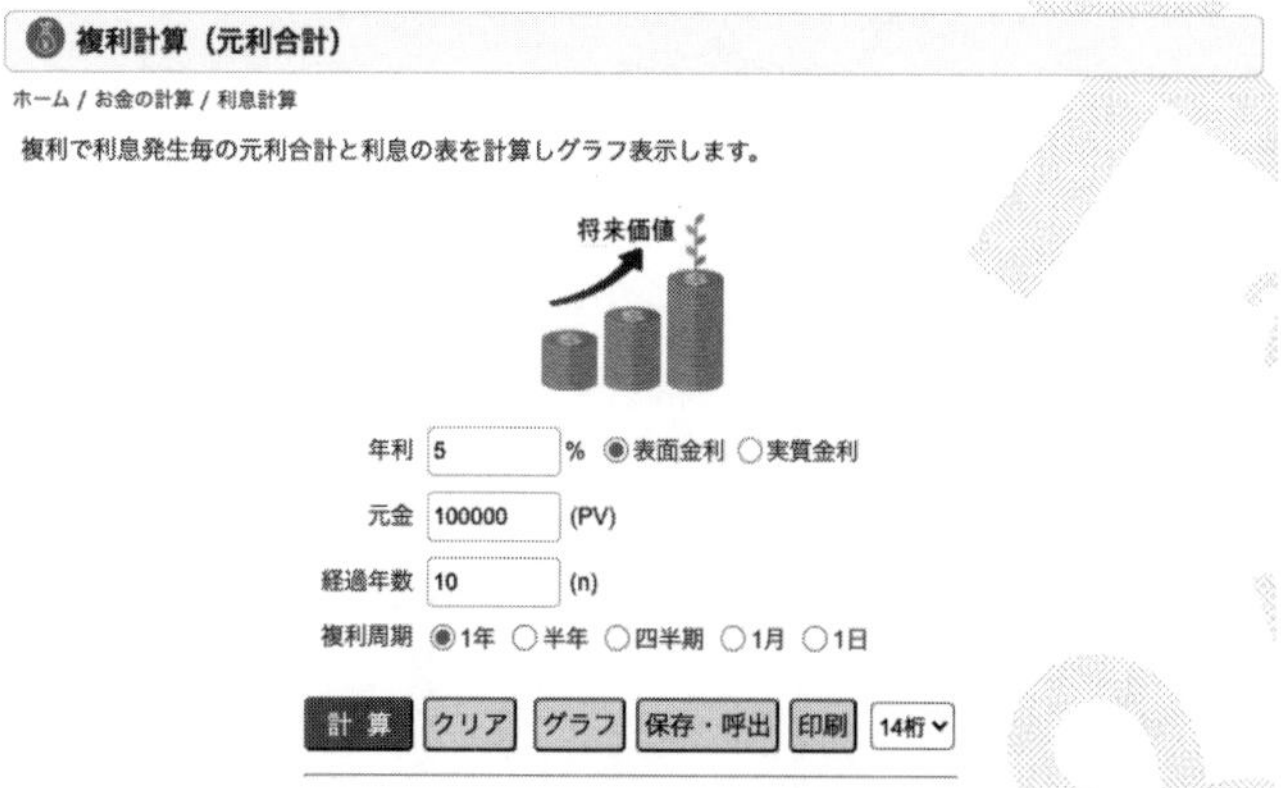

No.	年数	元利合計	利息	実質金利
1	1年目	105,000	5,000	5%
2	2年目	110,250	10,250	10.25%
3	3年目	115,763	15,763	15.7625%
4	4年目	121,551	21,551	21.5506%
5	5年目	127,628	27,628	27.6282%
6	6年目	134,010	34,010	34.0096%
7	7年目	140,710	40,710	40.71%
8	8年目	147,746	47,746	47.7455%
9	9年目	155,133	55,133	55.1328%
10	10年目	162,889	62,889	62.8895%

（出所）https://keisan.casio.jp/exec/system/1248923562

「10日で1割」の利息を取る高利貸しをこう呼びます。10日で1割、つまり借りた利息は10％なので、1日に直せば1％分です。例えば、無登録の高利貸しから１０００円札を1枚借りたとします。借りた方は「たった1日10円ずつの支払い分でいいのか」と大喜び。でも、これは日利に直せば1％ということですから、月利では30％、年利に換算すると３６５％にもなってしまいます。こんなのは、もちろん法律違反です。しかし、現実に町金融と呼ばれる金融業者の中には、限りなくこれに近い高利貸しをやっている違法なブラック業者（闇金業者）もいます。

年率換算すれば、そのカラクリに気づきます。それ以前に、たとえお金に困っても、むやみに変なところから借金をしてはいけません！

ちなみに、さまざまな複利商品の年率が簡単に計算できるサイトがあります。カシオという会社が運営しているもので（https://keisan.casio.jp/）、「利息計算」をクリックすると、複利で表面金利と実質金利の年利率を計算できます。

その14 まとめ

詐欺話を見破るコツは、「毎月○％」を年率換算してみること。

その15 「見た目のリターン」に目を奪われてはいけない！

インカムゲインとキャピタルゲイン

投資における収益には、「インカムゲイン（income gain）」と「キャピタルゲイン（capital gain）」の2つがあります。インカムゲインは配当金（株式）や利子（債券、預貯金）、あるいは家賃収入（不動産）などによるリターンを指し、キャピタルゲインは株価や不動産価格などの元手資産の値上がりによって得られる収益を指します。

投資を行う時は、このインカムゲインとキャピタルゲインを総合的に捉え、儲け分と元手の値上がり分をトータルして収益性を判断しなければなりません。大事なのは、実際に手元に入る「最終利益」です。次のような例で考えてみましょう。

毎月分配型投資信託で気をつけたいこと

日本では以前から「毎月分配型投資信託」*に人気があります。その理由は恐らく、毎月毎月少しずつであっても確実にインカムゲイン（分配金）が入ってくるので、リターンを得ている実感を得やすいからでしょう。けれども、これには注意点があります。目先の利益に喜んでいるだけではいけません。少しのインカムゲインを得ている間に、キャピタルゲインがマイナスになっている、つまり、元手が目減りしてしまい、両者を併せて考えると、資産は増えていなかった。そんなこともあるのです。どういうことでしょうか？

＊**毎月分配型投資信託**　1カ月ごとに決算を行い、収益等の一部を収益分配金（分配金）として毎月分配することを運用方針とする投資信託商品。「投資信託の運用を続けながら、運用成果だけは毎月こまめに受け取りたい」というニーズに合った商品といえる。ただし、分配金については、毎月の分配や分配金額が保証されているものではない。

例えば、あなたが1口1円の毎月分配型投資信託を100万口（100万円分）購入したとします。そして、1万口当たり50円の分配金が出ていたとします。単純に1口当たりに直せば、0・005円。すると、税金を考えなければ、1年間に得られる分配金は、0・005円

×100万口×12カ月＝6万円ということになります。年利にすれば6％です。

普通預金の金利が今、年0・001％程度ですから、100万円を預金していても税引前で10円なので、なんとその6000倍。「わぁ、スゴい。儲かった！」と大喜びしたくなる気持ちはわかりますが、でも、それはちょっと早計かもしれません。なぜならば、この年利6％のリターンは、あくまでも購入した時点での「基準価格*」に対する利回りに過ぎないからです。

基準価格とは、簡単に言うと「投資信託の値段」のことで、一般的にはDCF法*（割引現在価値法）で計算されます。基準価格は買った時のまま変わらないものではなく、それぞれの投信商品を構成する企業のその時々の企業価値によって変動するのです。

＊**基準価格**　投資信託の値段のこと。投資信託には取引を行う際の単位（「口」と呼ばれる）がある。例えば、運用を開始する時点で1口1円で購入できた投資信託は、運用を開始すると、1口の値段が運用の成果によって変動していく。

＊**DCF法**　企業価値を評価する方法のひとつで、会社が将来生み出す価値を、フリーキャッシュフローをベースに割り引いて現在価値に換算する。

仮に1年後の基準価格が1万口当たり9400円に値下がりしたら、あなたの持ち分の価格は94万円となります。分配金の6万円を加えても、やっとこさ収支トントンという計算になります。もし1万口あたり9390円だったとしたら、93万9000円ですから、投資した資金に対して、1000円のマイナスになります。これを「キャピタルロス」と言いますが、要するに、6万円の分配金をもらっても、トータルでは1000円の赤字で、「儲かった」どころか、損をしてしまっているわけです。100万円の投資額に対する損失率は0・1%になりますから、大損というほどではなくても、個人投資家にとってはそれなりのダメージと言えるでしょう。

不動産投資は「落とし穴」がいっぱい

この例は投資信託ですからまだわかりやすいのですが、これが不動産になると、話はもっと複雑です。例えば、2000万円で都内のワンルームマンションに投資するケースを考えてみましょう。この部屋を月10万円で賃貸し、10年間持ち続け、10年後に不動産会社に買い取ってもらうというプランを立てました。

この場合、家賃収入は年間120万円ですから、予定通りにいったとして、10年で1200万円になります。そして、10年後に不動産会社が1000万円で買い取るとしたら、この投資は果たして得でしょうか、損でしょうか？

単純に計算すれば、

（家賃収入1200万円＋売却価格1000万円）－当初の投資額2000万円＝200万円

となりますから、「200万円儲けた！」と思いがちですが、それは大間違いです。

まず、年間いくら儲かったかを計算するには、家賃収入から維持・管理費などの諸経費や税金を差し引かなければなりません。さらに大事なのは、その投資物件の「10年後の現在価値」を予想して計算する必要があることです。昭和の高度成長期は「土地は値上がりするもの」でしたから、それほど10年後の現在価値を心配する必要はありませんでした。しかし、バブル崩壊を経た今は少子高齢化もあって、不動産価格も大きく変動する時代、目論見どおりにうまくいくかどうかは保証の限りではありません。

さらに言えば、不動産に投資する場合、専門の不動産会社が間に入るのが一般的です。この場合、「サブリース方式」「一括借り上げ方式」「管理委託方式」など様々なやり方があり、契約内容も異なるので、話はもっとややこしくなります。

例えば、サブリース方式による「家賃保証」を巡って、トラブルが急増していることはご案内の通りです。「保証した家賃が支払われない」といった悪質なケースだけではありません。家賃が支払われている場合でも、実は不動産会社への法外な手数料を差し引かれた金額になっ

サブリース方式の契約形態

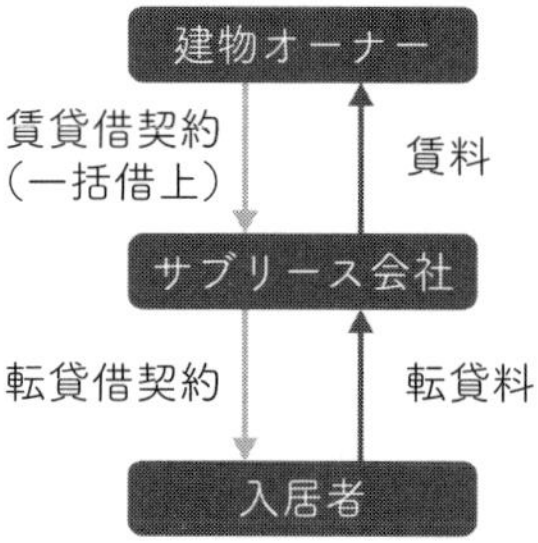

ていたというケースも多いのが実態です。また、サブリースでは、いわゆる契約更新料はオーナー側には入ってきません。投資物件が古くなれば、多額の修繕費もかかります（この費用もオーナー側が負うのが普通です）。

他にも、サブリース契約そのものを解約させてもらえない、売約をしようとした時に、サブリース物件であることで想定売約価格が下がってしまう場合があるなど、想定しないことも起こる場合があります。

事前にしっかりと説明を聞いたつもりでも、素人が複雑な不動産投資の仕組みを理解するのは大変です。不動産会社の営業担当者が説明する「過去の（成功した）投資事例」や「バラ色の（実は大甘の）運用シミュレーション」を鵜呑みにして、うっかり飛びつくと痛い目に遭いかねません。

前項で、私は株式や債券投資では「価値を生み出す人間のオーナー」になれるかどうかを見極めることが大切だと申し上げました。

不動産投資も同じです。あなたが投資したアパートやワンルームマンションに、本当に喜んで入居してくれる人がいるのか。入居した人が幸せに暮らせるような物件なのか。冷静に判断する必要があるのです。

目先の数字を見ただけでは、投資が成功したかどうかがすぐにはわからないのが不動産投資です。そのことを肝に銘じて、知識武装することが何よりも大切です。

その15 まとめ

インカムゲインとキャピタルゲイン（ロス）から「最終利益」を考える。

その16

超低金利時代ならではの、ローンという〝魔法の杖〟

不動産は高い買い物

私たちが推奨する株式、債券、不動産の3つの投資対象のうち、一般の個人投資家にとって、一番大きなお金が要るのは不動産です。

図表1は、東京23区内の中古マンションの価格推移を示したものです。また、ホンネの不動産相談所（https://www.ms-souba.com）の資料によれば（2021年2月現在、直近約1年間の参考相場）、都内で中古マンションを購入しようとすると、占有面積45平方メートル弱、築20年近い物件でも3800万円以上と、結構なお値段になっています。これが新築となったら、さらに高いものになります。投資用のワンルームマンションなどでも、事情はほぼ同じです。

図表1　東京都23区の中古マンション価格相場推移

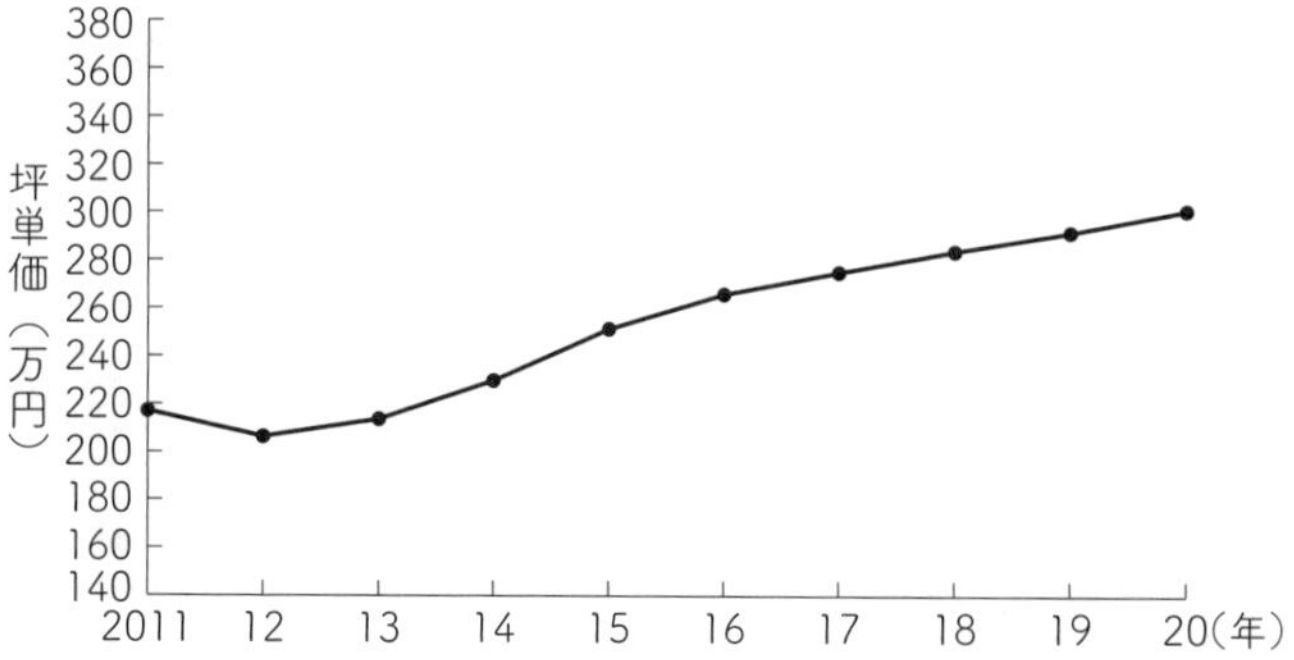

図表2　住宅の購入方法

Q：どのような方法で現在の住まいを所有しましたか？

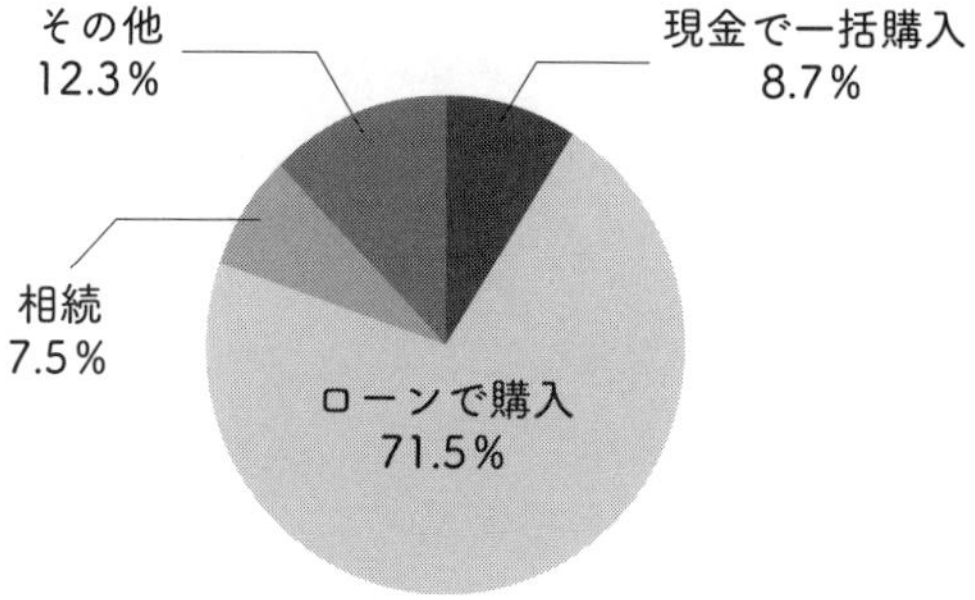

（出所）auじぶん銀行（https://www.jibunbank.co.jp/column/article/00041/）

このように〝高い買い物〟ですから、国内で不動産を購入する（不動産に投資する）人はローンを組むのが通例です。図表2はａｕじぶん銀行が調べた住宅の購入方法の分析ですが、実に71・5％の人がローンで購入しており、現金で一括購入した人はわずか8・7％に過ぎません。

では、ここでまた質問です。あなたが今、キャッシュで一括購入できるだけの余裕資産を持っていたとします。この場合、現金払いで一括購入するのと、ローンを組む、つまり借金をして購入するのと、どちらが「お得」でしょうか？

一括購入、ローン購入、どちらにもメリット・デメリットがありますが、今は歴史的にも前例のない超低金利時代。そのことを前提に、その損得勘定を考えてみましょう。

「受け取る金利」が低ければ、「支払う金利」もまた低い

バブル経済崩壊後、日本ではどんどん金利が低下しました。その結果、預貯金金利などの「受け取る金利」が低下しましたが、同時に、住宅ローンの金利など「支払う金利」も低水準になっているのです。図表3は民間金融機関の住宅ローン金利の推移を描いたグラフで、現在

の金利水準は最も高かった１９９０年代前半の３分の1前後の低金利になっていることがわかります。これが大事なポイントです。

すなわち、今の時代は低い金利でお金を借りる（ローンが組める）ことができれば、元手資金があまりなくても、高い買い物（不動産購入）ができるということです。投資の世界では、これを「レバレッジ（Leverage）」と言います。「テコの原理・力」を意味する英語ですが、「借入資本利用」などと訳されることもあります。簡単に言えば、借金して、元手資金の何倍、何十倍、あるいは何百倍の投資を行う方法のことです。

レバレッジは個人投資家だけでなく、企業においても銀行借り入れや社債発行などの形で広く活用されている、ごく普通の投資手法です。テコを使えば、小さな力で重たい物を持ち上げることができるように、

図表3　民間金融機関の住宅ローン金利の推移

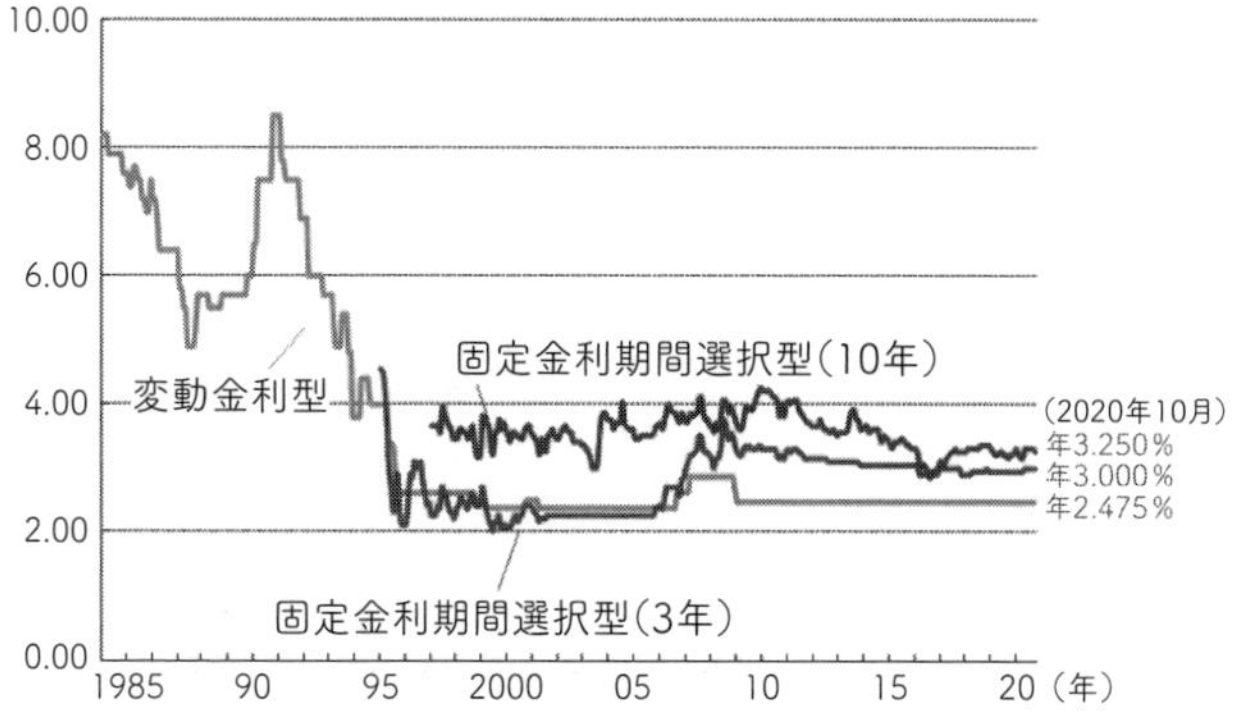

「レバレッジを効かす」ことで、少ない自己資本（投資額）でも大きな資本を動かすことが可能になります。その意味で〝魔法の投資〟と呼んでいいかもしれません。

レバレッジは今のような超低金利時代に、より大きな効果を発揮します。たくさん借りても、支払う金利は少なくて済むので、金利が高かった時代よりも「レバレッジ効果が大きくなる」からです。

ローンによる不動産投資では、やり方次第で「元手資金ゼロで利益を上げる」ことも可能です。つまり、入居者からの家賃収入を月々のローン返済に充てることができれば、自分の懐を痛めることなく大きな投資ができるわけです。いわば〝究極の魔法の投資〟と言えるかもしれません。

いずれにせよ、「借り入れを起こして、（レバレッジを効かせて）資産を形成する」というのは、基本的な投資戦略のひとつであることは確かです。不動産は元々がレバレッジを効かせた投資に向く投資商品なので、しっかりとした長期戦略と緻密な市場分析が必要であることを大前提として申し上げれば、今は「最小の資金で最大の効果を生む」ことも十分に可能と言えるでしょう。

素人には判断しにくい「不動産投資の損得勘定」

ただし、「きれいなバラには棘がある」と言います。一見いいことずくめに思えるレバレッジにも、デメリットやリスクがあります。それは価格の下落です。前にも述べましたが、今は「不動産は必ず値上がりするもの」とは限りません。不動産市場が軟化すれば、東京都心の不動産価格でさえ下落することがある時代です。購入した時よりも資産価値が下がるリスクがあることを忘れてはいけません。不動産は値段が高い分だけ、価格が下落した時の損失も大きくなります。

言い換えれば、レバレッジ効果が大きければ大きいほど、期待外れでうまくいかなかった場合の損失も大きくなるということです。

既に触れたように、不動産投資にはいろいろな注意点があります。そもそも短期運用に向かない投資対象であることに加えて、価値を維持するためには多額の維持・管理コストがかかり、固定資産税などの税負担も相対的に大きなものになります。

見かけ上の投資利回りにばかり目を向けることなく、これらを総合的に考えて、「損」か「得」かを判断する必要があります。しかし、素人にはなかなかわかりづらいのが実際のところでしょう。
不動産投資を行うのであれば、こうした点を考慮したうえで、あくまでも長期的な目線で行うべき投資対象であることを認識しておきたいものです。

その16 まとめ

レバレッジ効果が大きい投資ほど、リスクもまた大きい。

その17 「債券が株よりも安全」は必ずしも正しくない

長期のデータは語る

世間で常識とされていることが、実は本当ではなかった。世の中にはそんなことが結構あるものです。投資の世界でも〝常識のうそ〟がいろいろあります。恐らく、最も広く流布している常識は、「株よりも債券の方が安全」というものでしょう。

果たして、この常識は本当でしょうか？ シンプルに考えれば、株は元本保証されないのに対して、債券は発行元がデフォルトでもしない限り、元本はまるまる戻ってくる。発行元も大企業であったり、国や地方自治体であったりと、総じて信用度が高い。だから、債券の方が株より安全。そう考えるのは自然なことだと思います。

ですが、企業はもちろん、国や自治体だってデフォルト（債務不履行）を起こすことがあります。そうなれば、債券だって一夜にして紙くず同然になってしまいます。実際、ギリシャなどはたびたびデフォルトしていますし、国内でも地方自治体がデフォルトに陥った例があります。事はそう単純ではないのです。

実際のところはどうなのでしょうか？　75ページの図表をもう一度掲載します。米国における1802年1月～2019年11月の約218年間に及ぶ、主な金融商品（株式、債券、T-Bill〈「Treasury Discount Bills」の略で「国庫短期証券」のこと〉〉、金、現金〈ドル〉）のリターン（純利益）の推移を示したものです。当スクールで講師をお願いしたペンシルベニア大学ウォートン・スクールで金融論の教鞭を執るジェレミー・シーゲル教授による貴重な資料です。

質問への答えは、一目瞭然でしょう。長期もし

図表1　米国の主要金融商品のリターンの推移（再掲）

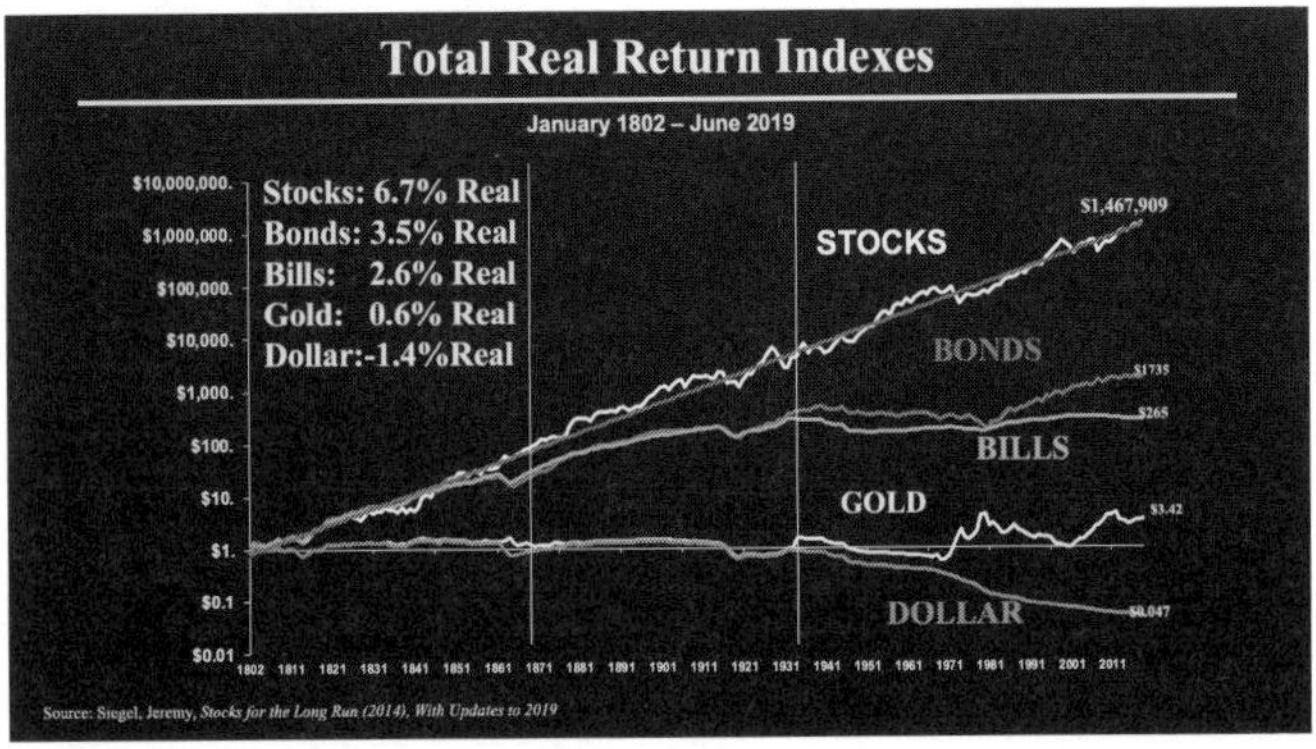

（出所）ジェレミー・シーゲル教授作成

くは超長期で見た場合、実は一番リターンが大きいのは株式なのです。投資の世界では「リスク＝ブレ幅」でしたから、言い換えれば、長期・超長期で見た場合のブレ幅が一番小さくて、安全なのは株式投資ということになります。

では、日本の国内市場ではどうでしょうか？　やはり、日本でもほぼ同じ傾向であることが確認できます。ここからわかることは、「債券が株よりも安全」というのは目先のブレ幅の小ささを示しているだけで、長期的に見た時のパフォーマンスの優劣や安全性を表したものではないということです。

人口が増え続ける限り、企業は成長し、株価は上がる

このように株式投資が最もパフォーマンスが高いのには理由があります。株式は、企業の成長のために使われるからです。企業は株式の発行によって得た資金で事業を行い、利潤を上げ、さらなる成長を目指します。経営に失敗しなければ、人口が増えていく限り、企業は成長を続けることができます。だから、長期で見れば、株価は上がるのです。

日本や韓国のように少子高齢化が進み、国内市場が縮小することになっても、南アジアやア

フリカなど世界には人口が増え続けている国・地域はたくさんあります。だから、日本企業もグローバル展開することによって、まだまだ成長することは十分に可能です。

ただし注意していただきたいのは、これはあくまでも長期的な話であって、短期的に見るとブレ幅が大きいのはやはり株式であることは間違いありません。株式の短期売買で利益を得ようとする場合は、それ相応のリスクを伴うことは言うまでもありません。「理想の投資期間は永遠だ」というバフェット氏の言葉を、今一度、思い出していただければと思います。

もうひとつ。債券には債券のよさもあることは、知っておいた方がいいでしょう。それは、債券は決まった期間で償還されるので、お金は原則として必ず戻ってくるということです。

その17 まとめ

常識といわれる情報も鵜呑みにせず、中身をしっかり精査しよう！

その18 「分散投資がいい」は思い込みかもしれない

「1つのかごに卵を盛るな」

「1つのかごに卵を盛るな」という投資の格言があります。かごの中にあまりたくさんの卵を入れて持ち運ぶと、万が一、転んだりした時にほとんどの卵が割れてしまう危険性があるので、「かごを分けましょう」という意味です。どういうことでしょうか？

ここでは株式投資に当てはめて、考えてみましょう。あなたが今、投資資金を100万円持っていたとします。

まず、100万円全額を1つの銘柄に投資する場合について考えてみましょう。あなたが自動車好きで、クルマのことに詳しいので、自動車メーカーA社の株を買ったとします。A社はこれまで順調に成長してきた人気銘柄で、今期も好決算が見込まれ、増配も予定しています。この時点では、とても良い選択に見えました。

ところが、その直後、A社のある車種が大事故を起こしました。原因を探ると、ブレーキ機構に重大な欠陥が見つかり、運輸当局から大規模なリコール（製品回収）命令が出る事態に発展しました。このクルマはA社の看板車種で、満を持してフルモデルチェンジしたばかりだったこともあり、新聞やテレビでも大きく取り上げられ、株式市場も大混乱。A社の株価は連日ストップ安で値が付かず、結局、3割も下落してしまいました。当然、この銘柄だけに投資していたあなたは、大きく資産を減らすことになってしまいました。

では、同じ自動車メーカーの株式に投資する場合でも、例えば、5銘柄（自動車メーカー5社）に20万円ずつ分けて投資した場合はどうでしょう。この場合、たとえA社の株価が下落しても、資産の減少は限定的です。むしろA社のライバルであるB社やC社の株価が上がって、投資全体ではほとんど損失を出さずに済むかもしれません。場合によっては、トータルではプラスになる可能性すらあり得ます（事故がなく、自動車全体の販売が好調であれば、言わずもがなの結果が期待できますが）。

これが「分散投資」の基本的な考え方です。しかし、これでリスク対策は万全かというと、そうとは言い切れません。このケースには、大きな問題があります。それは、5つの銘柄が全て自動車メーカーという同じ業種である点です。

欠陥車のように特定のメーカーの問題ではなく、例えば、外国為替が急激に円高に触れたり、貿易摩擦が激化して輸出規制や関税引き上げが議論されたりしたら、その影響は自動車業界全体に及びます。最悪の場合、投資した5つの銘柄全ての株価が下落する可能性も否定できません。

分散投資を行う場合は、こうしたことにも気をつけなくてはなりません。

これは株式投資の銘柄選びだけでなく、他の金融商品についても同様です。同じ業種だけ、同じ国だけ、同じ通貨だけなど、1つのものに偏る投資は当然、安全性という面でのリスクは大きくなります。

ブレ幅を小さくすることのメリットとデメリット

もうひとつ、重要な注意点があります。「分散し過ぎ」は、実は危険だということです。

ときどき「分散投資は安全だ」と信じ込み、自己資金をやみくもに様々な商品や銘柄に細かく分散する人を見かけます。ところが、分散し過ぎると、一つひとつの銘柄を管理し切れなくなったり、さらには、ブレ幅（＝リスク）が平坦にならされるのはいいのですが、その半面、全体の資産がなかなか増えていかなくなったりという、なんとももどかしい状態にもなりかねません。これでは羹《あつもの》に懲りて膾《なます》を吹くというか、やぶ蛇というか、何のために投資をしているのか、わかりません。

さらに言うと、取引手数料のかかる商品にたくさん分散している場合は、利益よりも手数料の方が高くなってしまったという、笑い話のような事態にもなりかねません。ご本人はリスクに対する保険をかけているつもりでも、結果的に保険料（手数料）の方が高くついてしまったわけです。要するに、分散のし過ぎは、知識の足りない人がやってしまう本末転倒な行為なのです。

1人の投資家が個人で管理できる商品（銘柄）数にはおのずと限界があります。分散投資をするのであれば、「自分でわかる分野」に絞ったうえで、「自分で負担にならない数」に抑えること！　これが大鉄則です。

私の経験で言うと、株式投資であれば10～20銘柄、慣れてきた人でもせいぜい30銘柄くらいでしょう。初心者であれば、まずは5銘柄くらいから始めるのが、無理なくできる順当な数だと思います。

なお、分散の効果については、メリットがあるのは20銘柄くらいまでで、それ以上になるとインデックスに投資しているのと変わらず、メリットはどんどん薄くなってしまうという調査結果も出されています。また、本当にリターンの高い銘柄があれば、それに集中した方がいいことも事実なのです。

かのバフェット氏も「分散は無知の人がやることだ」と言っています。

その18 まとめ

分散のし過ぎは〝保険料の方が高い保険〟のようなもの！

その19 資産運用に入れ忘れがちな「自分自身」への投資

自分自身が億を超える資産

人は一生のうちにどれくらいのお金を稼ぐことができるでしょうか？

これを「生涯年収」もしくは「生涯賃金」と言いますが、その答えの手がかりを与えてくれるのが図表1です。それによると、大学・大学院を卒業した男性がフルタイムの正社員として60歳の定年まで働き続けた場合、退職金を除く生涯賃金は約2億7000万円になります。高専・短大卒だと約2億1500万円、高校卒だと約2億1100万円、中学卒だと約2億円。女性の場合も、同じように高学歴になるほど、生涯賃金は増えていきます。さらに退職金を加え、定年退職後も一定期間働き続けた場合の生涯賃金を男性について調べた図表2によると、学歴に関わらずそれぞれに増えていきます。

図表1　日本人の生涯賃金

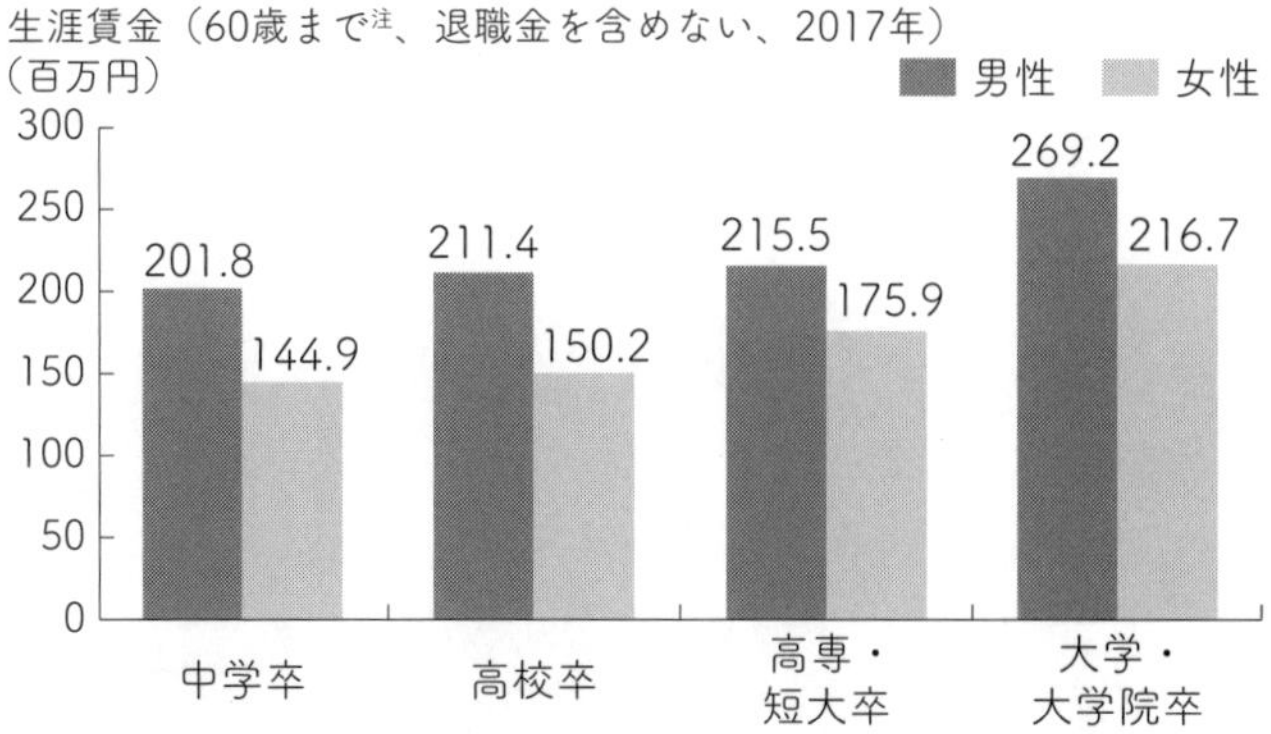

（出所）独立行政法人労働政策研究・研修機構
（注）学校を卒業しただちに就職し、60歳で退職するまでフルタイムの正社員を続ける場合（同一企業継続就業とは限らない）。

図表2　退職金や定年退職後も一定期間働き続けた場合は？

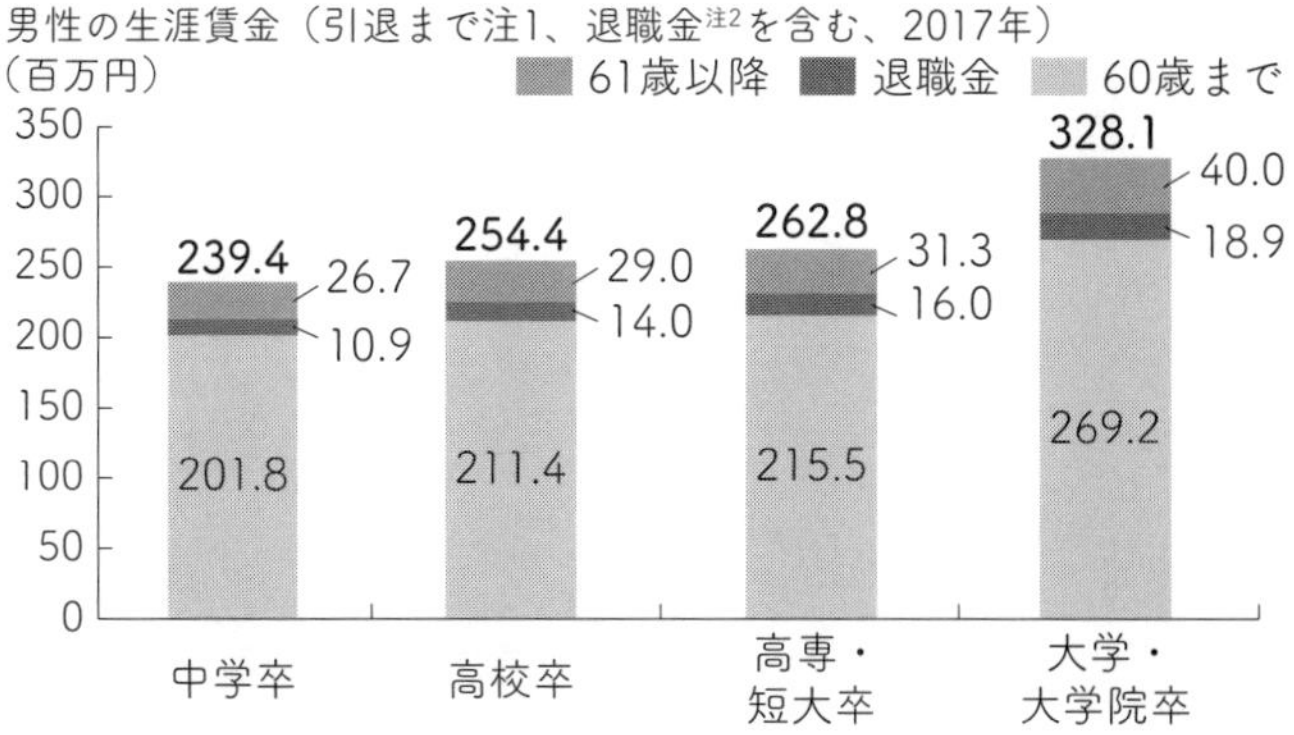

（出所）独立行政法人労働政策研究・研修機構
（注1）学校卒業しただちに就職し、60歳で退職するまでフルタイムの正社員を続け退職金を得て、その後は平均引退年齢までフルタイムの非正社員を続ける場合（同一企業継続就業とは限らない）。

何が言いたいかというと、人はこれだけの労働力、つまり「お金を稼ぐ力」を持っているということです。実際に、あなたも、私も、仕事はそれぞれで違っても、毎日こうやってお金を稼いでいるのです。言い換えれば、私たちに一番お金をもたらしてくれる資産は「自分自身」だということです。

ところが、投資や資産運用を考える時、多くの人はこのことを見落としています。すっかり忘れているのか、あるいは「それとこれとは別」と考えてしまうのかもしれません。けれども、最大の資産である自分自身への投資を、あなたの投資ポートフォリオの中にしっかりと組み込んでおくことは、とても重要なポイントです。私はここまで投資で一番大事なことは「自分に合った商品を選び、長期的視点で運用し続けること」だと繰り返し述べてきました。であるならば、投資を行う時に最優先で考えなければならないのは、自分が一番よくわかっている自分自身という投資対象にどのように投資していくか、であるはずです。

自分への投資は、決してあなたを裏切らない！

例えば、月30万円の手取り収入があるとします。投資コンサルタントなどはよく「収入の2

割を投資に回しましょう」と言います。この2割というのは必ずしも根拠のある数字ではないのですが、「できる範囲の目安」として多くの人が使っています。そこで、これにならって、ここでは、30万円×2割＝6万円を毎月投資に回すことにしましょう。

問題は「何に、どれくらい投資するか」です。あなたならどうしますか？　株ですか？　投資信託ですか？　それとも債券？　どれを選ぶのも自由ですが、真っ先に決めてほしいのは「自分自身への投資」です。具体的には、資格を取得するために専門学校に通う、通信教育で大学卒業資格を取得する、仕事終わりにビジネススクールに通ってMBA（経営学修士）を目指す――今の仕事をスキルアップするための勉強でも、近い将来、転職するための準備でも、何でもいいのです。もっと言えば、仕事に直接関係しない趣味の分野への投資、例えば専門書を読んだり、芸事を習ったり、同好の士とツアーに参加したりすることも、「豊かな人生を送る」という意味では大切な自己投資だと思います。

自分自身への投資の成果は、あなたが頑張り続ける限り、いつか必ず現れます。例えば、高卒の人が社会人になってから夜学の大学に通って卒業すれば、転職する時に大卒として応募することができ、見事採用された暁には大卒の賃金をもらえることになります。それは生涯年収を大きく引き上げる結果につながります。学歴格差や男女間格差の問題はひとまず横に置くとして、現実にそうなることは、生涯賃金のグラフが雄弁に語っています。

自己投資、それは一番よく知る投資先であり、一番可能性を秘めた投資先でもあります。元手資金の一部を少しずつでもいいから自分自身に投資していくことは、地道な努力を伴いますが、資産を増やしていく最も確実で安全な方法であることをしっかりと認識しておきましょう。

最後にこんな言葉も添えておきます。バフェット氏の言葉で、とても印象的な言葉です。

「自分の中にあるものは、それを高めても課税されることはなく、またインフレすることもなく、終生にわたって自分だけのものである」

その19 まとめ

一番お金を稼いでくれる投資先は「自分自身」である。

その20 投資対象を決める時は「ストライクゾーン理論」で考える

ヒットになりやすい球、なりにくい球

プロ野球では、対戦するピッチャーの球種や配球、くせなどをよく研究し、球筋を見極めるのがうまいバッターが活躍します。一流と呼ばれるバッターはボール球には手を出さず、狙い球を絞って、ストライクゾーンに来た「確実に打てる球」を打つから、ヒットを量産することができるといいます。

これは打撃理論の基本中の基本だと思います。野球の教本でなんと呼ぶのかは知りませんが、ここでは「ストライクゾーン理論」と名付けることにしましょう。

この「ストライクゾーン理論」は、そのまま投資の世界にも当てはまります。「ボール球には手を出さず、ストライクゾーンに来た球だけを確実に打つ」ことは、凡打（損失）を減ら

し、ヒット（利益）を増やす最善の方法です。

では、資産形成における「ストライクゾーンに来た球」とは何でしょうか？　基本的には「資産を成長させることができる投資先」ということになります。つまり、株式、債券、不動産の3つの投資先以外は、バットを振る必要がない、振ってはいけないボール球と考えるべきです。

例えば、暗号資産（仮想通貨）は、あなたにとって「ストライクゾーンに来た球」でしょうか？　最近も、一時期大幅に値を下げたビットコインが急騰したことが話題になりましたが、こうした暗号資産が今後もこのまま成長し続けるかどうか、何をどう見極めればいいのか、少なくとも私にはよくわかりません。なぜならば、これが人間のオーナーになる投資とはとても思えないからです。

私がこの業界に身を置いた四半世紀前には、まだ暗号資産も、FXもありませんでした。こうした比較的新しい金融商品はまだまだ発展過程にあり、投資の仕組みも、ルールも十分に確立しているとは言えないのが現状です。つまり、投資対象としての本質が見えてこないのです。

確かに暗号資産やFXの取引で利益を上げている人はいます。あなたの周りにも「こんなに大儲けした！」と吹聴している人がいるかもしれません（恐らく、それは一過性で終わると私は思います）。そんな自慢話を聞いても、決して振り回されてはいけません。心がざわついた時には、ひとつ深呼吸をして、ここで言う「ストライクゾーン理論」を思い出してください。こうした投機性の強い商品を相手にして、果たして球筋を見極め、ストライクの球だけを打ち返すことができるでしょうか？

何度でも言います。投資と投機は違うのです。投資対象の本質を見誤らなければ、ボール球に手を出したり、空振りしたりすることはありません。球種をしっかりと見極めておけば、自ずと狙い球を絞れるはずです。

これからも〝新時代の投資商品〟などとうたった、新しい金融商品が次々と登場してくることでしょう。しかし、華々しい宣伝文句や一時の成功話に振り回されてはいけません。どうか本質を見極めてください。

株価は「企業価値×投資家心理」で上下する

本質を見極めることの大切さは、株式や債券の投資でも同じです。

私は以前、元巨人軍選手で、横浜ＤｅＮＡベイスターズの監督も務めた中畑清さんが司会を務めるテレビ番組に出演し、投資の基礎についてお話させていただいたことがあります。番組のタイトルに合わせて、そこでは3つのポイントを挙げました。第1が「ルールを知る」、第2が「相手を研究する」、第3が「ピンチはチャンス」――というものです。

この第1の「ルールを知る」についてお話ししたのが、本項の内容です。番組ではわかりやすく「ルール」と表現しましたが、正確に言えば「本質」です。本質を知る。これが投資で一番大事なことなのです。

株式投資でも、例えば、毎日の株価の値動きを必要以上に気にして、一喜一憂することはありません。株式の本質は「企業価値」だからです。実際の株価は企業価値だけで決まるわけではなく、別項でご説明するとおり、企業価値と投資家心理（市場心理）がかけ合わさって、日々変動します。いろいろな理由、要因で上がったり下がったりするのですが、時には企業価値とは無関係な思惑《おもわく》や憶測で動くこともあります。だからこそ、慌てず騒がず、まずはじっくりと本質を見極めることに努めましょう。

その20 まとめ

打率（成功確率）を上げたかったら、
ボール球には手を出さないこと！

ストライクゾーン以外には
手を出さない！

その21

投資の勉強は「大量インプット法」あるのみ！

投資は入学試験や資格試験と同じ

「投資の勉強はどのようにやればいいですか？」

私はよくこうした質問を受けます。そんな時はいつも、「昔、受験した時、あなたはどんなやり方で勉強していましたか？」という質問を投げ返します。おそらく、志望校という明確なゴールを定め、それに向かって必死でたくさんの参考書を読み、たくさんの例題や過去問を解き、答えがわからなかったり、間違えたりした時はまた参考書を読み返す。その繰り返しだったと思います。これは資格試験などでも同じでしょう。

投資の勉強も全く一緒、猛勉強あるのみです！　努力もせず、知識がないまま受験したって、合格するはずがありませんよね。難関校に合格する人は例外なく、猛勉強してきた人です。スポーツや芸術の世界でも、血を吐くような猛練習をし続けた人だけが甲子園に出場したり、大きな大会やコンクールで優勝したりできるのです。万全の準備をして本番に臨むから、結果を出せるのです。

受験勉強のゴールが志望校への合格であるならば、投資の勉強のゴールは言うまでもなく「資産を成長させる」ことです。そのための猛勉強とは、どんなものでしょうか?

ひたすらに知識や情報をインプットすることです。新聞やニュースサイト、SNSで情報を取り、たくさんの本を読み、専門家の話をたくさん見聞きし、知識と情報を増やしていくのです。とにかくインプット、インプット、インプット! 投資の勉強では、この「大量インプット法」に勝る方法はありません。

毎朝ニュースをチェックし、HPでIR情報を読み込む

例えば、私の場合は、毎朝起きたらすぐスマートホンで日本経済新聞(電子版)の主要な記事をチェックします。国内外のマーケットの最新動向や経済・ビジネスニュースはもとより、政治、社会、科学、芸能・スポーツまで、くまなく目をこらします。これがもう何十年も実践

している私のルーティン、いや、ほとんど癖のようなものです。体調が悪かろうと、二日酔いで頭がガンガンしていようと、今日の仕事の準備でバタバタしていようと、サボることはありません。最初は苦しくても、続けていくうちに、自然と癖になっていきます。自分の経験から、私はそう思っています。

それと、私がいつもやっているのが、IR*情報のチェックです。投資先はもちろん、できるだけ多くの有力企業、注目企業のホームページ（HP）にアクセスし、最新のIR情報を丹念に読み込み、自分なりに分析するのです。これも基本的な大量インプット法のひとつです。

＊IR（情報） IRとはInvestor Relationsの略で、企業が株主や投資家などに対して、投資判断に必要な情報を提供する活動をいう。上場会社に要求される典型的なIRとして、金融商品取引法上の法定開示、および各金融商品取引所における適時開示がある。

当スクールのオンライン講義に参加された生徒さんのなかには、最初のうちは専門用語がよくわからず、PER*（株価収益率）だの、B/S（貸借対照表）だの、P/L（損益計算書）だの、DX（デジタルトランスフォーメーション）だのと、ややこしいアルファベット言葉を聞いただけで拒否反応を起こし、やる気を失う方もいらっしゃいます。

＊PER（Price Earnings Ratio：株価収益率） 株価が割安か割高かを判断するための指標。利益から見た「株価の割安性」で、株価が「1株当たりの当期純利益（1株当たり利

益、1株益）」の何倍になっているかを示す指標。一般にPERが高いと利益に比べて株価が割高、低ければ割安であるといわれる。

でも、ここが踏ん張りどころです！　だって、正しい知識・情報を叩き込まなければ、いくら練習したって上達するわけがないじゃないですか。練習しても結果を出せない人は、その練習方法が間違っているからです。ルールや基本をしっかりと身につけ、研究を重ねて、実践する。どの世界でも、これ以外に「勝利の方程式」はありません。

こう言うと、「知識や情報をインプットしても、それが正しいかどうか、どうやって判断すればいいんだよ」と反論される方もいるでしょう。確かに、プロと呼ばれる投資家でも真逆のことを言っていたり、新聞・雑誌によって企業の決算発表についての評価が分かれたりすることはよくあります。また、書店に並ぶ投資本やビジネス書には、いろいろなことが書いてあります。混乱することもあるでしょう。

けれども、どれが正しい考え方か、誰の意見が自分の投資戦略に合っているかは、知識・情報量を増やし、経験を重ねていくうちに段々と見えてくるようになります。

大事なのは、学んだことを「自分のもの」にしていくこと。誰のものでもない、自分に合った、自分だけのオリジナル手法を作り上げていくのです。

もちろん、簡単なことではありません。そのためには、インプットしたことを投資の実践の場でアウトプットすることが必要です。アウトプットして、何度も失敗を経験しながら多くを学び、自分に合った答えを導き出す。これをやり続ける。これが唯一の正しい投資の勉強方法と言えます。急がば回れ。近道はないのです。

その21 まとめ

急がば回れ。まずは知識・情報にアクセスする癖をつける!

その22 投資は料理と同じ。最低限の基礎ができれば、アレンジは自在

おいしい料理を作りたければ何をする?

前項の「投資の勉強方法」について、もう少しお話を続けましょう。より良い答えを探るために、また例題を出したいと思います。

あなたが料理上手になりたいと思ったら、どのような勉強をするでしょうか?

普通に考えれば、①料理本を買って勉強する、②料理教室に通う、③クックパッドなどのレシピ集のアプリで作り方を調べる、④YouTube などの動画サイトを見て、作り方を真似る——こんなところではないでしょうか。

どんな方法でも共通しているのは、最後は「自分で作って、食べてみる」ことだろうと思います。これがつまり、「知識・情報をインプットして、アウトプットする（投資を実践する）」

ということです。

問題は、どのレシピ（作り方）を選ぶかです。例えば、レシピのアプリを見て、オムライスを作るとします。オムライスで検索すると、何十、何百ものレシピが見つかります。あなただったら、どのレシピを選びますか？

無精な人なら、「多分、最初に出てくるレシピが一番美味しいだろう」などと勝手に決めつけ、その通りに作るかもしれません。ですが、本当にその選択が正しいのでしょうか？　もっと先の方により手の込んだ美味しいレシピがあるかもしれないし、シンプルだけどあなたの口に合うレシピが見つかるかもしれません。本当に美味しくて、自分が好きなオムライスを作りたいのなら、もう少しきちんと調べて、少なくとも数種類は実際に作ってみなければ、上手なオムライスの作り方は身につかないと思いませんか？

情報の取り方のポイントは、まさにここです。

情報収集の入り口はいろいろありますが、要するに「料理が上手なプロから教わりたい、学びたい」というところにたどり着くのではないでしょうか。プロと言っても、プロの料理人や研究家だけとは限りません。趣味でコツコツと腕を磨いてきた人とか、夫や子どもたちのために何十年もお弁当を作り続けてきた頑張り屋の主婦とか、アマチュアのなかにも名人やベテランがたくさんいて、アプリにはそんな〝無名の専門家〟による傑作、力作が無数にアップされています。

プロ投資家だけが「プロ」ではない！

投資の世界に話を戻すと、知識・情報はやはり「プロから学ぶ」のが一番です。しかし、料理と同じように、大型ファンドを運用しているファンドマネジャーやFXトレーダーだけが「プロ投資家」なのではありません。前にも述べたように、勝ち続けているファンドマネジャーなどいませんし、金融機関の営業担当者が必ずしも豊富な知識を持っているというわけでもありません。

むしろ、毎日スーパーの陳列棚を調べて財をなした老婦人のように、少額投資であっても、長い時間をかけて投資を実践し、独自の投資哲学や投資手法を編み出したベテランの個人投資家が世間にはたくさんいます。今の時代はそんな無名の投資家のやり方も、SNSやブログ、雑誌の記事などで比較的簡単に学ぶことができます。お手本は身近なところにもたくさんあるのですから、労を惜しまずに「大量インプット法」を実行してほしいと思います。

インプットに続くアウトプットにおいても、投資は料理に似ている面があります。料理に慣れてくると、「ここでワインを加えたら、味に深みが増すな」とか、「仕上げにこんなものをトッピングしたら、彩りが豪華になりそう」とか、元のレシピにアレンジを加えて、自分流のオリジナルレシピを作り出すようになるはずです。前項で「自分だけのオリジナル手法を作れ」と言われて腰が引けた方も、このような説明を聞けば、納得していただけるのではないでしょうか。

コロナ禍によって、世界経済は大打撃を受けています。これから数年間は波瀾万丈の時代が続くと思われます。航空業界のように、世界中の名だたる大企業が瀕死の深手を負った業界もあれば、その一方で、コロナ禍を逆手にとって成長している業界、企業も数多くあります。外来患者の通院控えで苦境に立つ病院・クリニック向けにオンライン診察システムを提供し、急成長しているる医療・ヘルスケア系のベンチャー企業、閉店した飲食店の空き店舗を利用して、都心部に出店攻勢をかける外食チェーン等々、産業界では「新たな日常」をにらんだ新しい動きが加速しています。

投資の世界には「ピンチはチャンス」という格言があります。今こそ、生きた投資を学び、実践する絶好の機会と考えれば、投資の勉強はいっそう面白くなるはずです。

その22

まとめ

名人芸をアレンジすれば、
自分流のオリジナルが作れる。

その23 投資のモチベーションは「必要性」から生まれる（シミュレーション活用法）

動機づけになる目標

人が頑張れるのは目標があるからです。部活だったら「県大会に出たい」、受験勉強なら「志望校に合格したい」、仕事なら「部内でトップの営業成績を達成したい」「独立して理想の会社をつくりたい」といったように、具体的な目標に向かって人は努力するのです。何事においても「モチベーション」（＝動機付けとなる目標）が人を突き動かす原動力になっています。

モチベーションの理論では、モチベーションは「動機付けの強さ・大きさ」を意味し、それは「期待×誘意性」という数式で表すことができるとされています。期待とは「努力した分だけもたらされるであろう結果への思いの強さ」を表し、誘意性とは「努力したことで得られる報酬の主観的価値」を表します。わかりやすく言うと、「これだけ頑張ったんだから、これくらいの見返りはほしい」という思いの強さが、すなわちモチベーションだということです。

投資でもモチベーションはとても大切です。漠然と「お金を増やしたい」というだけでは本気で勉強しようという意欲も湧かず、やっていても次第に興味が薄れてしまいかねません。ですから、投資を始めるに当たっては、何のために（目的）、いつぐらいまでに（期間）、どれくらいの資産（金額）を得たいのか、まずはしっかりとした計画作りをすることが重要です。

ライフスタイルやライフプランによって、投資のモチベーションは人それぞれです。例えば、独身の人なら「大型バイクを買いたい」「結婚資金を貯めたい」、家庭を持っている人なら「マイホームがほしい」「子供の学費を準備したい」「老後の生活資金を確保しておきたい」といった具合です。最近は「人生100年時代の備えを」とかいって、生命保険会社や資産運用コンサルティング会社がテレビで盛んにコマーシャルを流していますよね。

こうした明確な目標があってはじめて、具体的な投資プランを設計することが可能になります。10年後に1000万円ほしいというのと、5000万円ほしいというのとでは、投資手法も変わってきます。そして、それはモチベーションにつながります。要するに、必要性があってこそ投資を行うのであり、モチベーションが生まれるのです。

しかし、投資のモチベーションを維持するのは、実際には容易なことではありません。やみくもに高い目標を定めても、無理が生じ、絵に描いた餅に終わってしまいます。

シミュレーションは投資プランの「道しるべ」

そこで、お勧めしたいのが、資産運用シミュレーションの活用です。図表1は金融庁のホームページにあるものですが、インターネットで検索すれば、銀行や証券会社、生命保険会社などが無料で提供している、様々なシミュレーションソフトを活用できます。どれも簡単に入力するだけで、モデルプランや予想利益などがわかるので、大変便利です。

例えば、ライフプランを元にした資産運用シミュレーションであれば、全国銀行協会（全銀協）の『自分で描く未来予想図　ライフプランシミュレーション』や、金融庁の『ライフプランシミュレーション』などは、質問に答えながら進めていく形式なのでわりやすく、初心者にも使いやすいでしょう。また、同じ金融庁の『資産運用シミュレーション』は、毎月の積立額や予想利回り、目標金額などを入力することで、簡単にシミュレーションを行うことができるので、私もセミナーなどでよく使っています。同様に『ライフプランシミュレーション』では、年代や家族収入、退職金の有無などの簡単な情報を入力するだけで、大まかにですが、何歳ころから貯蓄の減少が始まり、資産がマイナスに陥るのかなども明確にできます。

こうしたシミュレーションを活用する最大のメリットは、ライフプランを「見える化」でき

金融庁の資産運用シミュレーション

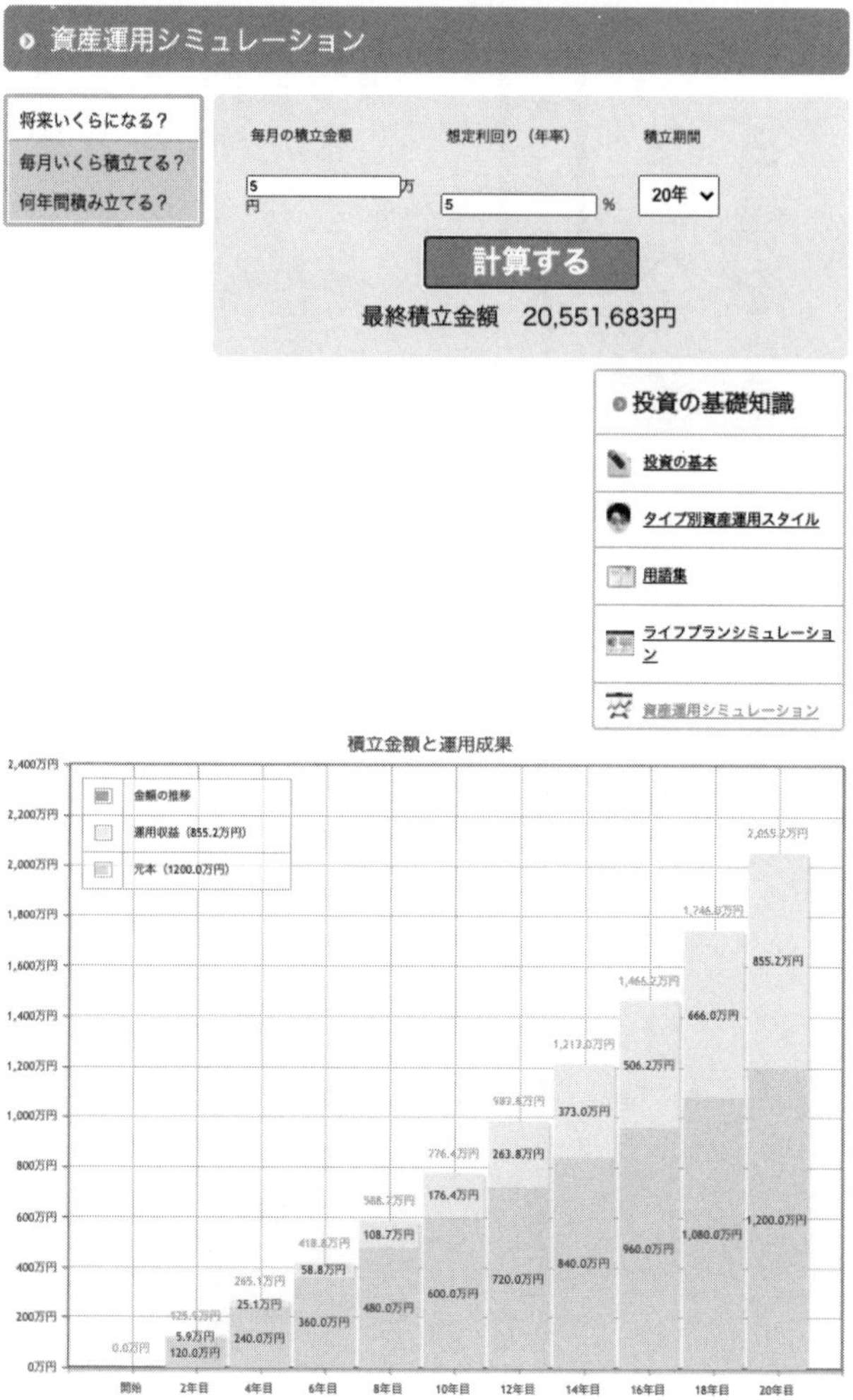

（出所）金融庁（https://www.fsa.go.jp/policy/nisa2/moneyplan_sim/index.html）

ることです。試算は試算であって、実際には必ずしも想定通りになるわけではありませんが、今後の資産運用の「道しるべ」になってくれますので、あなたもトライしてみてください。

なお、モチベーションということで気を付けてほしいことがあります。よく「投資を頑張ります」と仰る方がいるのですが、頑張るという意識が先に立ってしまうと、なかなかうまくいきません。先に紹介した老婦人も、おそらくはスーパーの棚を見ること、そこにある商品を作る会社に興味を持つことを、まずは楽しんでおられるのだと思います。ただ頑張るではモチベーションは長続きしません。楽しむ気持ちも欠かせないのです。

その23 まとめ

モチベーションを維持するためには、目標を「見える化」する!

その24 資産形成には「資産育成期」と「資産維持期」がある

まずは資産を育てる

前項では、資産を育てるためには、いつ、何のために使うのかという目標が必要だと申し上げました。

つまり、「投資のゴール」です。ただ増やして貯め込むだけでは、1億円貯めようが、10億円貯めようが、何の意味も、何の価値もありません。世の中には札束の山を眺めて幸せに思う人もいるのかもしれませんが（そんな古典落語がありましたね）、ここで重大なアドバイスです。

お金は使うために貯めてください！

さて、資産を増やすためには、ある程度の時間がかかります。資産形成のプロセスを、タイムラインを追っていくと、投資を始めてしばらくの間は、お金を育てる時期が続きます。これを「資産育成期」と呼びます。この時期は、資産を増やすための投資・運用を積極的に行います。

そして、一定程度まで資産が育ったら、いよいよお金を使う時期が来ます。貯まったお金を使いながら、資産ができるだけ目減りしないように維持・管理を重視した運用に切り換えていきます。これが「資産維持期」です。

資産育成期から資産維持期へ、どれくらいの期間が必要かは、元手資金と目標金額の大きさ、投資を始めた年齢や運用予定期間、投資する金融商品の種類、さらにはお金を使う目的などによって、個人個人で違ってきます。

こうした資産形成のプロセスは、企業の成長プロセスに似ています。

創業間もないスタートアップ企業は、将来に向けて先行投資を行いながら成長していきます。成長期に入ってもさらなる投資を行い、やがて安定期を迎えます。成長を目指すべき時期に先行投資を怠ったり、うまくその後の成長戦略を描けなかったりすれば、その企業は衰退することになります。

アマゾン・ドットコムも創業当初は赤字垂れ流しを気にせずに積極的な先行投資を続け、その後の成長の土台を築きました。

投資もこれと同じです。
まずは資産を育てることが大事です。ちょっとお金が増えたからといって、ここで喜んで使ってしまうようでは、ゴールにはたどり着けません。

資産維持期になったら、株式から債券にシフトする

資産形成期と資産維持期について、もう少し具体的にイメージしてもらうために、前項で示した金融庁の『資産運用シミュレーション』の試算例（143ページ）を使って、説明しましょう。

このケースでは「老後資金を貯める」ことを目的に、毎月5万円を年利5％で20年間運用すると仮定しています。すると、元本は1200万円（5万円×12カ月×20年）ですが、20年後の最終積立金額は約2055万円になります。

この結果、例の「老後2000万円問題」、つまり、夫婦2人暮らしの家庭の場合、年金だけでは老後資金が2000万円不足するという金融庁の衝撃的な試算結果をクリアできることになります。資産形成期の投資戦略は、ひとまず成功です。

「資産育成期」と「資産維持期」

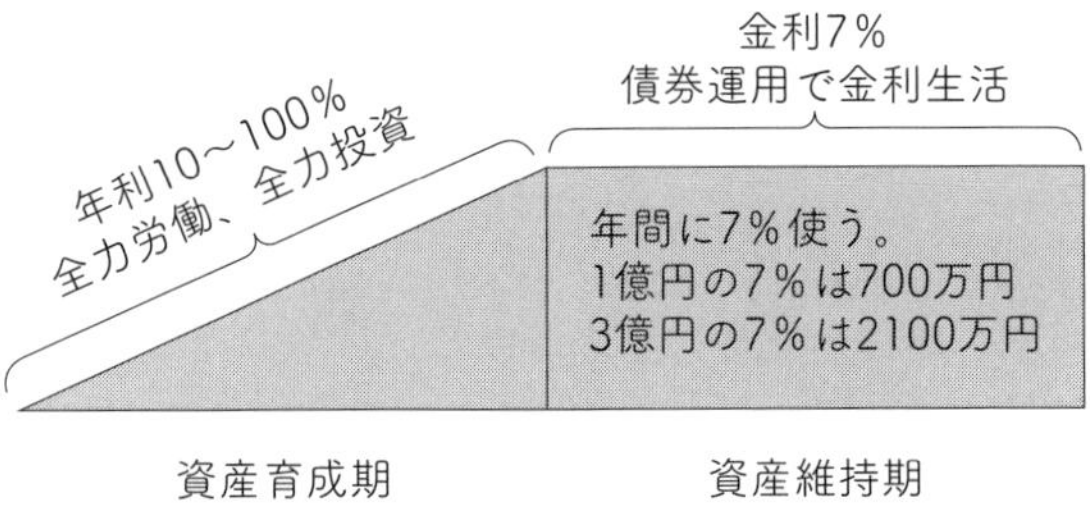

しかし、これで安心してはいけません。20年目以降、今度は育ったお金を減らさないような運用にシフトする必要があります。資産形成期はリターンが比較的大きい株式投資を主体にし、資産維持期はリスク（ブレ幅）が小さい債券投資にシフトするというのが最もオーソドックスなやり方で、海外のプライベートバンクなどもこのようなファイナンシャルプラニングを行っています。

育成期に貯めたお金をその場で使ってはいけない理由は、この図を見ればすぐにわかるでしょう。はじめの5年、10年ではお金はあまり増えていません。それが15年、20年と期間が長くなればなるほど、大きくなってきます。これが、教えの11で説明した複利効果のマジックです。要するに、将来ふっくらとした果実になるタネ銭が、まだ十分に育っていないのです。

大事に育てられ、管理が行き届いた果樹は、生育途中で天候不良や害虫の危害に遭うことはあっても、やがて必ず、大きくて豊かな実を付けてくれます。果実の大きさや味、品質は、育てた農家の人の愛情と手間ひまに比例するものです。

お金も一緒、育成期は長い目でじっくりと育てることが何よりも大事です。万一の時でも育成期であればまだ十分にリカバリーできますから、どっしり構えて、足下の相場の値動きなどに一喜一憂したり、ジタバタしたりしないように心掛けてください。

その24 まとめ

愛情と手間ひまかけてじっくり育てたお金は、やがて大きな実を付ける！

その25 投資リスクを判断する時には「格付け」を参考にする

債券を発行する企業や国の信用度

資産維持期に入ったら、株式などの収益性商品から、定期預金や債券などの安定性商品にシフトするのが基本戦略になります。理想を言えば、それまでに形成した資産を維持するためには、年率5％以上の利回りがほしいところです。とはいえ、今の日本は歴史的にも前例のない超低金利時代。投資先探しはそう簡単ではありません。では、どうやって投資先を選べばよいでしょうか？　ひとつの参考になるのが、格付け機関による「格付け（rating）」です。

格付けとは、主に債券の発行元、つまり社債なら発行企業、国債なら発行した国の信用度をランク付けした指標のことで、正式には「信用格付け」といいます。格付け機関によっても多少異なりますが、一般的には、最高ランクのＡＡＡ（トリプルエー）に始まって、ＡＡ（ダブルエー）、A（シングルエー）と下がっていき、さらに低くなるとB、C、Dと表示されます。格付け機関によって、2つ目以降のアルファベットが例えば「A」ではなく、小文字の「a」になったり、「+」「-」のような表示を付けたりすることもあります。各社の表記は若干違うものの、大まかには、外資系も日系も同じです。

格付け機関と呼ばれているものの多くは、民間の会社が運営しています。ただし、第三者的な立場で客観的に評価するのが原則です。発行元から依頼されて格付けする場合もあれば、依頼がなくても独自に行う場合もあり、後者のことを頼まれもせずにやるから「勝手格付け」などと呼ぶこともあります。日本では外資系、日系それぞれ複数の格付け機関が活動しており、外資系では米国のS&Pグローバル・レーティング、日系では日本格付研究所（JCR）などが代表格です。

格付けの活用例その1――ハイ・イールド・ボンド（ジャンク債）

格付けを具体的にどのように活用すればよいのか、ここでは「ハイ・イールド・ボンド（high yield bond）」を組み込んだ債券ファンドを例に考えてみましょう。ハイ・イールド・

ボンドとはその名の通り、利回りが高く信用格付けが低い債券のことで、別名「ジャンク債」とも言います。一般に、格付けではＢＢＢ（トリプルビー）とＢＢ（ダブルビー）が投資すべきかどうかの境目とされています。すなわち、ＢＢＢ以上を「投資適格」、ＢＢ以下を「投資不適格」または「投機的水準」と評価します。

ですから、ジャンク債はＢＢ以下に評価された債券ということになります。信用度が低い分、格付けの高い債券よりも金利を高く設定しているわけです。

1例として、日本で最も有名な企業のひとつであり、日経平均株価にも大きな影響を与えているソフトバンクグループの社債の格付けを見てみましょう。２０２０年12月現在、Ｓ＆Ｐの格付けは「ＢＢ＋（ビービープラス）」であるのに対して、日系のＪＣＲは「Ａ－（エーマイナス）」としています。日本企業の場合は、このように外資系より日系の方がやや緩やかな格付けをしているケースが多いようです。身びいきなのか、日本の実情をより詳しく知っているためなのか、理由は定かではありませんが……。

いずれにしても、こうした格付けを国内の上場企業の多くが公表しています。ソフトバンクグループの場合も、自社のホームページに、ジャンク債扱いされていても堂々と掲載していますす。自社の経営に自信があるためか、こうした評価でもあえてディスクローズ（情報開示）することで信用度や信頼性を高めようと考えているのか、これまた理由は定かではありません。

格付け符号が示す信用力に関する意見の一般定義（S&P社のケース）

投資適格水準	AAA	債務を履行する能力は極めて高い。S&Pの最上位の格付け。
	AA	債務を履行する能力は非常に高い。
	A	債務を履行する能力は高いが、事業環境や経済状況の悪化からやや影響を受けやすい。
	BBB	債務を履行する能力は適切であるが、経済状況の悪化によって債務履行能力が低下する可能性がより高い。
	BBB−	市場参加者から投資適格水準の格付けのうち、最下位と見なされている。
投機的水準	BB+	市場参加者から投機的要素が強い格付けの中で同要素が最も低いと見なされている。
	BB	短期的には脆弱性は低いが、事業環境、財務状況または経済状況の悪化に対して大きな不確実性を有している。
	B	現時点では債務履行能力を有しているが、事業環境、財務状況または経済状況が悪化した場合には債務を履行する能力や意思が損なわれやすい。
	CCC	債務者は現時点で脆弱であり、その債務の履行は、良好な事業環境、財務状況および経済状況に依存している。
	CC	債務者は非常に脆弱であり、債務不履行はまだ発生していないものの、事実上確実と予想される。
	C	債務者は現時点で支払不履行に陥りやすい状態にあり、より高い格付けの債務に比べて最終的な回収率が低いと予想される。
	D	債務の支払いが行われていないか、想定された約束に違反がある。破産申請あるいはそれに類似した手続きが取られた場合にも「D」が用いられる。

「AA」から「CCC」までの格付けには、プラス記号またはマイナス記号が付されることがあり、それぞれ各カテゴリーの中での相対的な強さを表す。

上場企業の中には、格付けを公表はしているものの、日系の格付け機関の高い格付けしか記載していない企業も見られます。そういう意味では、ソフトバンクグループは堂々と見えます。どのように解釈するかは、あなた次第です。一生懸命に情報を収集・分析して、あなた自身が投資すべきかを判断すればよいのです。格付けはそのための参考指標ということです。

格付けの活用例その2——海外銀行への預金

もうひとつ例を挙げておきましょう。外国の銀行への預金を検討する場合です。銀行預金の利息は、預入期間が長いほど高くなり、また預入金額が大きいほど高くなります。しかし日本の現状では、私が調べた限り、5年ものの定期預金で最も高いのはオリックス銀行の年利0・28％です（本書執筆時点）。これではとても資産の維持は難しいと言わざるを得ません。

そこで、海外の銀行に目を向けてみるという選択肢が出てきます。例えば、カンボジアにアクレダ銀行（ACLEDA Bank）という銀行があります。同行は1993年に国連開発計画（UNDP）と国際労働機関（ILO）が所得向上と雇用創出を目的に設立した非政府組織（NGO）の銀行です。2003年12月には商業銀行の免許を取得。出資企業を見ると、日本からも三井住友銀行が18・25％、オリックスが12・25％を出資しています。

このアクレダ銀行の金利は、最長60カ月（5年ものの）の米ドル定期預金ではなんと年利6・5％（本書執筆時点）となっています。世界の中心通貨である正真正銘の米ドル通貨による定期預金です。日本に住む私たちにはにわかには信じがたい高金利ですが、設立の経緯も、出資企業も確かな商業銀行で、日本からでも口座を開設できます。クレジットカードについても、ＶＩＳＡやＭａｓｔｅｒ、日本のＪＣＢのデビットカードの発行が可能です。

とはいえ、いいことばかりではありません。カンボジアという発展途上国にあるが故に、信用格付けは決して高くはありません。アクレダ銀行が公表している主要格付け機関のレーティングは「Ｂ＋」や「ＢＢ」に留まっています（本書執筆時点）。つまり、信用度は〝ギリギリ〟のレベルと見られるわけです。

そもそも、カンボジアという国自体の格付けも高くはないのが実情です。要するに、「カントリーリスク」が高いということです。また、米ドル建て預金なので、為替リスクという別のリスク要因も加わります。これらをどう判断するかは、突き放すような言い方になりますが、最後はやはり、あなた次第ということになります。

このように、格付けは投資や資産運用を考える際の有力な判断材料のひとつになりますから、頭の中に入れておくといいと思います。ただし、格付けがすべてではありません。

第1に、前述したように、同じ企業、同じ債券でも、格付け機関によって評価が違うことは珍しくありません。第2に、その時々の経営状況や経済情勢などによって、格付けは常に変動します。ＡＡＡの会社が、いきなりＡやＢＢＢに格下げになることはザラにあります。

また、たとえＡＡＡと格付けされている企業でも、倒産する可能性はゼロではありません。かといって、ＢＢ以下に格付けされた企業の全てがデフォルト（債務不履行）に陥るというわけでもありません。あくまでも参考指標と考えてください。

絶対に忘れてはならないのは、高い利回りには高いリスクがつきものだということ。投資に当たってはあらゆる手段を使って、どんなリスクがあるかをしっかり分析することです。とりわけ資産維持期における資産運用では、リスクの見極めが重要です。

その25 まとめ

高い利回りと高いリスクは常に裏腹の関係にある！

その26 年齢に応じて投資対象をシフトさせる「エイジスライド」の考え方

3つの商品特性を自分の年齢に合わせて考える

資産運用をする際に、避けて通れないのが「資産配分」の問題です。よく言われるのは「金融商品はその性質によって流動性商品、安全性商品、収益性商品があり、あなたのライフプランに合わせて、それぞれに分散投資しましょう」というものです。

ここで言う流動性商品とは、現金や預貯金のようにいつでも必要に応じて現金化できる金融商品です。安全性商品とは、国債をはじめとする債券などを指します。収益性商品とは、株式や不動産などリスク性が比較的高い金融商品全般を指します。教えの13で説明したローリスク・ローリターン型、ミドルリスク・ミドルリターン型、ハイリスク・ハイリターン型の分類を言い換えたものと考えても差し支えありません。

では、どのように分散すればよいのか？

実は、これには正解はありません。

私の知り合いのファイナンシャルプランナーやファイナンシャルアドバイザーなどに意見を聞いても、教科書的な分散を提案する専門家もいれば、積極的な運用をアドバイスする専門家もいて、考え方はまさに千差万別。万人に当てはまる唯一の公式など存在しないのが実際のところです。

そこで、ここではライフプランという前提をいったん離れて、「収益性商品への投資」という視点から、ひとつの手がかりをご紹介したいと思います。それは「エイジスライド方式」という考え方です。

エイジスライド方式は、投資する人の年齢に応じて、資産の中のどれくらいの割合を収益性商品に配分可能かを判断する際に用いる考え方です。次ページのような公式で求めます。例えば、現在30歳の人なら90％、50歳の人なら70％、それぞれ収益性商品に配分可能ということになります。

ひと昔前は、この公式の最初の数字は120ではなく、100を使っていました。しかし、長寿化が進み、定年退職する年齢も高くなった現在は120を使うのが一般的です。したがって、エイジスライドについて「100−年齢」という記述を見たら、それは古い情報だとお考えください。時代の変化に合わせた情報を常に活用しましょう。

このように見ると、意外に、年齢が高くなっても、収益性商品の割合を大きくすることは可能であることがおわかりいただけると思います。では、なぜ投資においてはこのエイジスライド方式が注目されるようになったのでしょうか?

物価上昇に追いつく預貯金金利なし!

根底にあるのは、物価の上昇にどう備えるかということです。

物価というものは基本的には上昇していきます。物価上昇に預貯金金利が追いついていくのであれば何も問題ありませんが、経済の仕組みを考えると、そうなることはあり得ません。銀行は皆さんから預かったお金を運用して利益を上げ、そこから利息を支払うわけですから、物価上昇分より低い金利でなければ、銀行の経営は成り立たないからです。

エイジスライド方式

エイジスライド方式による収益性商品への資産配分の割合 120－年齢（ａｇｅ）＝収益性商品への配分率（％） 例）30歳の人なら、120－30＝90％ 70歳の人でも、120－70＝50％

特に今の日本では普通預金は年利0・001%という超低金利ですから、100万円預けても1年でつく利息はわずか10円、源泉徴収されれば8円にしかなりません。

これに対して、株式投資はどうでしょうか?

例えば、米国の代表的株式指数であるS&P500インデックスの1973～2018年の45年間の年平均利回りは7・1%です。

もちろん、これはあくまでも平均利回りであって、短期的には大きく値を上げたり下げたりしますし、実際にS&P500インデックス投資信託に投資する場合は外国為替リスクも考えなければなりませんが、長期投資で考える限り、平均利回りが預貯金金利を下回ることはほとんどないと言っていいでしょう。

日本株も同様です。

バブル景気とその崩壊、〝黒田バズーカ〟と呼ばれる日銀の長期低金利政策など特殊要因はいろいろありますが、例えば、日経225インデックスの2000年12月末～2020年12月末の20年間の平均利回りは3・5%になっています。少なくとも10年以上の長期で見れば、株価は上昇しているのです。

投資理論も昔とは大きく変わってきており、以前よりも積極的にリスクを取りにいくことを推奨するのが近年のトレンドになっています。それが絶対に正しいと言っているわけではありませんが、エイジスライド方式はひとつの目安にはなると思います。
ですから、若い方はもちろん、中高年の方でも、このエイジスライド方式を参考にして、ご自身の年齢に応じて無理なくできる資産配分を検討してみる手はあるでしょう。

その26 まとめ

物価上昇分をカバーする資産配分を考えよう!

その27 投資対象は米国と日本だけでいい！

知らないものには投資してはいけない

ある高齢者から、こんな相談を受けたことがあります。

「金融機関の人に『この国は伸びているから』と勧められて、X国の投資信託を買ったのだけれど、価格が下がってしまってどうしたらいいのか……」

何度も言いますが、金融機関の人の話を鵜呑みにしてはいけません。私の経験では、数多くのおすすめ商品を持ってきても、そのお客さんに本当にマッチした商品を提案するケースはほとんどないのが実情だったからです。

でも、一概に金融機関ばかりを責めることはできません。金融機関には金融機関の事情があって、そもそも「今月のキャンペーン商品」の類いは自分たちが売りたい商品なのです。ですから、厳しいことを言うようですが、このケースで一番悪いのは、よく考えもせずに投資してしまったこの相談者ご自身なのです。

皆さんは普段の買い物をどのようにしているでしょうか？　例えば、近所のスーパーに行って「今晩のおかずは何にしようか」と考える時、値段はいくらか、鮮度はいいか、栄養バランスはどうか、調理の手間は等々、自分なりのいろいろなモノサシを使ってメニューを決めているはずです。

ところが、こと投資となると、同じような買い方をしない人が出てきます。そして、そんな人に限って、買った商品が値下がりして文句を言うのです。こうした人のほとんど全ては自助努力をしない人。知識がないから、うまくいかないのです。金融機関に勧められた商品に投資すべきかどうか、どうしても自分で判断できない時には、知り合いの先輩投資家やファイナンシャルプランナーなどの専門家（できれば複数の人）に相談してみるのもひとつの方法です。とにかく一生懸命に情報を集め、研究することが大事です。

投資を行う際の大鉄則は、「知らないものには投資をしてはいけない」です！

では、どういったところに投資すればよいのでしょう。基本的には「いつでも、どこからでもしっかりとした情報が得られ、かつ信用を置ける国とその国の企業」だけを投資対象にすべきです。具体的に言うと、「米国と日本だけでいい」ということです。その理由は簡単です。

米国は世界最大の経済大国で、政治・経済・文化あらゆる面で日本との関係が深く、情報も一番多く、確実に入ってくるから。一方、日本は自分が住んでいる国で、言葉も、習慣も、国情もよくわかっているからです。

新型コロナワクチン開発企業、前から知っていた会社は？

２０１９年現在、国内総生産（ＧＤＰ）の世界トップ３は、第1位が米国、第2位が中国、第3位が日本です。また、貿易取引通貨を見ても、米ドルがいまだ世界の基軸通貨の地位を確保しています。国債銀行間通信協会（ＳＷＩＦＴ）の２０１６年12月の発表によると、代金決済で使われる通貨のシェア第1位は米ドルで、実に42・09％を占めています。第2位がユーロの31・30％、日本はわずか３・40％に過ぎません。現時点では依然として、米国経済の力は圧倒的なのです。

こう言うと、反論される方もあろうかと思います。第2位の中国は米国を追い抜く勢いだし、隣国だからよく知っているし、アリババやファーウエイのような大企業の情報もそれなりに開示されているじゃないか、と。しかし、中国発の情報にはいささか不確実性があり、経済政策についても先行きが見通せない面があります。投資目線で中国を見てみると、米国や日本のような「安心できる国」とは言い難いのが現状です。

ヨーロッパはどうでしょうか。英国やドイツ、フランスなど主要国の情報はリアルタイムで入ってくるし、よく知っている大企業もたくさんあります。しかし、米国と比べた時には、やはり情報格差がありそうです。以下のような例を挙げると、皆さんも肌感覚でご理解いただけると思います。

新型コロナワクチン開発で先行した欧米企業のことです。皆さんの中には「米国のファイザーの名前は聞いたことがあるが、英国のアストラゼネカなんて初めて聞いた」と言う人が多いのではないでしょうか。要するに、「なじみ」があるかどうかです。

ファイザーはダウ・ジョーンズ工業平均株価（NYダウ平均）の30銘柄に名を連ねる大手創薬メーカーで、今回のワクチン開発に当たっても連邦政府の資金援助を断り、自力で開発に成功したことで、改めてその資金力と研究開発力に注目が集まりました。ワクチン供給も米国はもとより、英国や日本、さらには世界中の国々に供給を始めています。つまり、世界市場を視野にグローバルに事業展開しているのです。

このように、ダウ30銘柄企業はどれもズバ抜けた存在です。その時価総額は、たった30社なのに日本国内の全上場企業の時価総額をしのぐ巨大さ。しかも、どの企業も事業をグローバル展開し、収益の多くを米国以外の市場で上げています。情報も開示されているこんな投資先があるのですから、とりわけ初心者の場合は、わざわざよく知らない国・企業に投資するという冒険をすることはありません。

その27 まとめ

知らないもの・わからないものには手を出すな！

その28 米国株投資は「よく知っている大企業」だけでよい

情報の入りやすいグローバル企業

前項で「投資対象は米国と日本だけでいい」と書きました。それでは、株式投資の場合、具体的にどんな銘柄を選べばよいでしょうか？　まずは、米国株について考えてみましょう。

米国株の選び方は、比較的簡単です。誰もが名前を知っていて、みんなが利用している大企業に投資すれば、まず間違いありません。

「誰もが知っている米国企業」の代表格は、GAFAと呼ばれる巨大ITプラットフォーマーでしょう。インターネットサービスのグーグル（Google、企業名はAlphabet）、ネット通販のアマゾン（Amazon）、SNS最大手のフェイスブック（Facebook）、そしてiPhoneやiPadのアップル（Apple）——おそらく、私たち日本の消費者の中でこの４社の製品・サービスを全く利用したことがないという人はほとんどいないのではないでしょうか。

GAFAの共通点は、世界中のどの国・地域でも基本的に同じビジネスモデルで事業展開しているグローバルカンパニーであること。世界中の何億人、何十億人もの人々に同じ製品・サービスを提供し、莫大な売り上げと利益を実現しているのです。

米国の大企業の中には、同じようにグローバル規模で事業展開し、大きく成長した大企業がほかにも数多くあります。

図表1は、ダウ・ジョーンズ工業株価平均に採用されている30銘柄の変遷を10年ごとに区切り一覧化したものです。日本では「ダウ工業株30種」とか、「ニューヨーク（NY）ダウ」などとも呼ばれる、世界で最も有名な株式指標です。始まりは100年以上前の1896年で、現在はニューヨーク証券取引所（NYSE）とNASDAQ（ナスダック）市場に上場している5000社以上の中から選ばれた30社で構成されており、年に1度銘柄の入れ替えが行われます。

ダウ30銘柄はその時代ごとの米国経済の盛衰を映す鏡のような存在で、自動車最大手のゼネラルモーターズ（GM）はとっくの昔に姿を消し、最も長くダウ30銘柄に選ばれ続け、経営変革（トランスフォーメーション）を繰り返しながら君臨し続けたゼネラル・エレクトリック（GE）も2018年、ついに時代の流れには勝てずに外されました。現在の花形は、やはり

IT関連銘柄でしょう。いずれにしても、ダウ工業株30種に採用されることは米国企業にとって最高の栄誉であり、いわば米国を代表するエリート企業の称号のようなものと言えます。

ダウ工業株30種の時価総額は、日本の全上場企業よりも大きい！

直近の2020年の顔ぶれを見ても、キラ星のように、日本でもおなじみの有名企業が並んでいます。例えば、パソコン用基本ソフト（OS）の「Windows」を提供するマイクロソフト、「インテル入ってる（Intel Inside）」のCMで知られるパソコン用マイクロプロセッサーのインテル、洗剤やヘルスケア製品のプロクター＆ギャンブル（P&G）、クレジットカード世界シェアトップのVISA、さらには日本人にも身近なコカ・コーラ、ウォルト・ディズニー・カンパニーなどもちゃんと選ばれています。スーパースターばかり！ まるで米国のMLB（メジャーリーグベースボール）やNBA（ナショナル・バスケットボール・アソシエーション）のドリームチームみたいです。

驚くべきはその時価総額の巨大さ。たった30社なのに時価総額の合計は約10兆ドル、日本円にして1000兆円近くもあり（本書執筆時点）、日本の全上場企業約3700社の時価総額

1990年	2000年	2010年	2020年
メルク・アンド・カンパニー	メルク・アンド・カンパニー	メルク・アンド・カンパニー	メルク・アンド・カンパニー
ユニオンカーバイド	マイクロソフト	マイクロソフト	マイクロソフト
アルミナム・カンパニー・オブ・アメリカ（後にアルコアに改称）	アルコア	アルコア	ナイキ
イーストマン・コダック	イーストマン・コダック	ファイザー	ファイザー
プロクター・アンド・ギャンブル	プロクター・アンド・ギャンブル	プロクター・アンド・ギャンブル	プロクター・アンド・ギャンブル
ウェスティングハウス・エレクトリック	シティグループ	トラベラーズ	トラベラーズ
インターナショナル・ペーパー	インターナショナル・ペーパー	クラフトフーズ・グループ	ユナイテッドヘルス・グループ
ユナイテッド・テクノロジーズ	ユナイテッド・テクノロジーズ	ユナイテッド・テクノロジーズ	ユナイテッド・テクノロジーズ
アメリカン・テレフォン・アンド・テレグラフ（後にAT&Tに改称）	AT&T	ベライゾン・コミュニケーションズ	ベライゾン・コミュニケーションズ
テキサコ	ヒューレット・パッカード	ヒューレット・パッカード	ビザ
ゼネラル・エレクトリック	ゼネラル・エレクトリック	ゼネラル・エレクトリック	ウォルグリーン・ブーツ・アライアンス
F.W.ウールワース	ウォルマート	ウォルマート	ウォルマート
USX	ウォルト・ディズニー・カンパニー	ウォルト・ディズニー・カンパニー	ウォルト・ディズニー・カンパニー

図表1　ダウ工業株30種採用銘柄の変遷

1990年	2000年	2010年	2020年
ミネソタ・マイニング・アンド・マニュファクチュアリング（3M）	3M	3M	3M
アメリカン・エキスプレス	アメリカン・エキスプレス	アメリカン・エキスプレス	アメリカン・エキスプレス
シェブロン	SBCコミュニケーションズ	AT&T	アップル
ボーイング	ボーイング	ボーイング	ボーイング
ナビスター・インターナショナル	キャタピラー	キャタピラー	キャタピラー
アライドシグナル	ハネウェル（アライドシグナルと合併）	シェブロン	シェブロン
ゼネラルモーターズ	ゼネラルモーターズ	シスコシステムズ	シスコシステムズ
コカ・コーラ	コカ・コーラ	コカ・コーラ	コカ・コーラ
デュポン	デュポン	デュポン	ダウ（デュポンとダウ・ケミカルの統合）
エクソン	エクソン	エクソンモービル	エクソンモービル
フィリップモリス	フィリップモリス	バンク・オブ・アメリカ	ゴールドマン・サックス
シアーズ・ローバック	ザ・ホーム・デポ	ザ・ホーム・デポ	ザ・ホーム・デポ
グッドイヤー・タイヤ・アンド・ラバー	インテル	インテル	インテル
IBM	IBM	IBM	IBM
ベスレヘム・スチール	ジョンソン・エンド・ジョンソン	ジョンソン・エンド・ジョンソン	ジョンソン・エンド・ジョンソン
アメリカン・キャン	J.P.モルガン&カンパニー	JPモルガン・チェース	JPモルガン・チェース
マクドナルド	マクドナルド	マクドナルド	マクドナルド

の合計金額約694兆円（同）をはるかに上回っています。つまり、これら30社には、日本企業が束になってもかなわないほどの企業価値があるということになります。

ダウ30銘柄の企業価値の源泉は、潜在成長力の高さです。30社のほとんど全てが米国以外の海外でも事業展開し、半数以上が売上高に占める海外比率が50％を超えています。世界中の人々を顧客に取り込んで利益を上げながら、そこで入手した顧客情報などの膨大なビッグデータを活用して新たなイノベーション（技術革新）を起こし、さらなる売り上げ拡大につなげる。グローバルに事業展開する米国の大企業の多くは、そんなダイナミックな成長モデルを確立しています。時価総額の大きさは「米国の大企業の成長余力は大きく、株価ももっと上がる」という株式市場の見立て（期待）を表しているのです。

大事なポイントは、日本に住んでいる私たちもこれら米国の大企業の価値を〝体感〟しているということです。実際に自分で製品・サービスを利用しているのですから、投資先を選ぶ材料として、これ以上説得力のある企業情報はありません。

その一方で、米国は世界有数のベンチャー大国でもあります。上場前なのに既に時価評価が10億ドル（約1000億円）を超えている、いわゆるユニコーン企業が200社以上あると言われています。

投資アドバイザーの中には、こうしたユニコーン企業への投資を推奨する人もいます。大きなキャピタルゲインが期待できるので、これはこれで有力な考え方だとは思いますが、当然、リスクもあります。とくに問題となるのは、こうした有望ベンチャーが医療・バイオ、AI（人工知能）、フィンテック（fin-tech）といった最先端のハイテク分野に多いこと。将来どこが勝ち残るのか、その道の専門家でも予想するのは難しいのが実情です。

「知っているもの・わかるもの」に行うのが投資の大鉄則ですから、米国株投資では「おなじみの大企業」を分析して選ぶのが一番手堅い方法と言えるでしょう。

その28 まとめ

米国株のメリットは、その商品やサービスに直接触れて「企業価値を体感できる」こと。

その29 日本株投資では「世界展開できない大企業」はスルーしてよい

日本を代表するも世界で見ると……

次に、日本株投資ではどんな銘柄を選べば良いでしょうか？

日本にも「誰もが知っている大企業」はたくさんあります。日本企業の4番打者は、時価総額日本一を誇るトヨタ自動車でしょう。世界の自動車市場で常にトップシェアを争っている同社は、日本を代表するグローバルカンパニーと言えます。

ところが、そんなトヨタ自動車ですら、世界企業の時価総額ランキングではやっと50位以内に入るくらい。いろいろなところで発表されるトップ50社を見ても、トヨタ以外の日本の大企業は影も形もありません。

日本企業の時価総額が小さい理由は、ひと言で言えば、グローバル化とデジタル化に大きく出遅れたからです。多くの日本の大企業は国内マーケットで大きなシェアを獲得しても、それを世界のマーケットに広げることができていません。

例えば、NTTドコモは世界で初めて携帯電話用のインターネット接続サービス「iモード」を実用化しながら、うまくグローバルスタンダード（国際標準）にすることができず、スマートフォン（スマホ）の登場で〝ガラパゴス化〟してしまいました。ソニーも世界初の携帯音楽プレーヤー「ウォークマン」を大ヒットさせたものの、デジタル音楽配信サービスを武器に売り出したアップルの「iPod」にあっさり王座を明け渡しました。

最近では、SNS（ソーシャル・ネットワーキング・サービス）で同様の現象が起きています。日本国内ではLINEが1億人に迫るユーザー数を誇っていますが、全世界で見ると、フェイスブック（Facebook）の25分の1程度に過ぎず、SNSのトップ7にも入っていません。日本国内は支配できても、世界を取れるところまでは成長できていない。それが日本の大企業の現実なのです。

もちろん、日本企業の中にも、世界のマーケットを相手に頑張っている企業はあります。「UNIQLO（ユニクロ）」を展開するファーストリテイリングは日本国内に留まらず、中国、韓国などのアジアや欧米各国で積極的に店舗展開し、ファストファッション業界を代表する国際ブランドになっています。家庭用ゲーム機・ソフトの任天堂（Nintendo）は全世界で数億人のユーザーを獲得し、最近ではコロナ禍の巣ごもり需要をつかんでゲームソフトの「あつまれどうぶつの森」（あつ森）を大ヒットさせました。

また、一般の消費者の目には止まりにくいのですが、電子部品や半導体製造装置、炭素繊維などのハイテク素材といった、いわゆるBtoB型の製品・サービス分野には、世界市場で圧倒的なシェアを持つ日本企業が少なくありません。スマホも、航空機も、それら「メイド・イン・ジャパン」の部品・素材がなければ作れないと言われているのは事実です。

とはいえ、そんな優良企業も含めて、日本の大企業が果たしてGAFAやダウ30銘柄に代表される米国の超巨大企業のレベルまで成長できるでしょうか？

キャピタルゲインが期待できるか――注目すべきは「株価の成長力」

投資という視点で考えた時、日本の大企業の最大の課題は「株価の成長力」です。これから先、今の株価が5倍、10倍になるかと言われれば、残念ながら、それはほとんど期待できないと思います。株価が一時的に急騰する場面はあるかもしれませんし、日本企業が世界中をアッと言わせるような画期的なブレイクスルー商品を開発して、一大飛躍を遂げる可能性もないわけではありませんが……。

日本の大企業に投資をしても、見返りとして期待できるのは配当金というインカムゲインだけで、株の醍醐味である株価の値上がりというキャピタルゲインはあまり期待できません。これでは、投資戦略としては得策とは言えません。

であれば、ここは発想転換！

日本株投資は、上場して間もない新興ベンチャーへの投資を中心に考えてみる方法もありそうです。投資の世界で言う「小型株」です。ベンチャー企業の登竜門と言われる東証マザーズやＪＡＳＤＡＱ（ジャスダック）市場には、まだ小粒ながら、伸びしろの大きい中堅企業、ベンチャー企業がたくさん上場しています。日本にはユニコーン企業（創業10年以内で10億ドル以上の市場価値のある未上場のスタートアップ企業）は10社もないとされていますが、その半分の時価総額５００億円以内で、上場後10年以内に株価を10倍にまで上げた企業が、実は多数あるのです。

２０２０年はコロナ禍にもかかわらず、日本の新規株式公開数は久々に過去最高水準になりました。日本政府は２０２１年を「イノベーション元年」と位置付け、米国や中国を追撃しようと、「日本版ＳＢＩＲ（Small Business Innovation Research）制度」と呼ばれる技術革新支援制度を再構築し、その担い手であるベンチャー企業の育成支援に本腰を入れ始めています。

そんな流れも見据えて、将来性が期待できそうな新興企業に投資をして、長期的な視点でその企業と自分の資産の成長を見守っていく。リスクもありますが、楽しみも多い投資戦略と言えるのではないでしょうか。

その29 まとめ

投資するなら「出来上がった大企業」より「伸びしろのある新興企業」。

その30 手抜きしたい人には「インデックス」でほったらかし投資も

大前提は長期の投資

株式投資を始めたばかりの人、またはこれから始めようと張り切っている人は、はじめのうちは一生懸命に投資の仕組みを勉強し、毎日の情報収集に励みます（と信じます）。企業業績やマーケットの動向、さらには売り買いのアヤといったものがわかってくると、勉強や情報収集がますます面白くなってきて、なかには熱中する人も現れます。

……ところが、三日坊主とまでは言いませんが、そのうちに面倒くさくなってきたり、ニュースを追いかけるのに飽きてきたり、疲れたりして、段々と熱量が下がってきます。売買のタイミングを考えるのも結構難しいし、仕事や育児が忙しいといった言い訳をして、放り投げてしまう人も出てきます。う～ん、困った！

そんな人でも、株式投資を成功させる方法があります。もちろん、短期投資ではなく、あくまでも長期投資を行うことが大前提ですが、「インデックス投資」がそれです。

「インデックス」という言葉は既に本書でも何回か登場していますが、おさらいすると、市況、つまり株式市場の値動きを表す「指標」のことです。代表的なものには、日経平均株価（日経225インデックス）やＴＯＰＩＸ（東証株価指数）、米国株ではダウ工業株30種（ＮＹダウ）、Ｓ＆Ｐ500インデックスなどがあります。

インデックス投資とは、簡単に言うと、そうした株式指標そのものを商品化した「インデックス投資信託（インデックスファンド）」を購入することを言います。実際のインデックスファンドは信託銀行、証券会社などがそれぞれ独自に商品化しています。たくさんの種類がありますが、基本的にはインデックスの動きに連動するように、ファンドに組み込む銘柄などを設定しています。

インデックスファンドを含む投資信託商品は上場株とは違って、一般的には非上場、つまり、その投信商品を組成して運用しているので、比較的自由に売買できます。ちなみに組成し運用している会社のことを委託会社、販売窓口になっている会社（銀行、証券会社、郵便局など）を販売会社といい、投資された資産を保管して管理している信託銀行を受託会社といいます。これに対して、それ自体が証券取引所に上場されているＥＴＦ（上場投資信託）というファンドもあります。ETFの取引は株式と同じように、証券会社などを通じて取引所に売買の注文を出す形で行われます。このように取引の仕組みは多少異なりますが、初心者には比較的入りやすい投資商品と言えるでしょう。

少ない金額で始められ、個別銘柄の研究も不要！

インデックス投資のメリットその1は、比較的少ない資金で始めることができる点です。インデックス型投資信託は、多くの証券会社で100円からでも購入することができます。通常の販売口数は1万口ですので、一般のインデクスファンドなら1万口あたり1万円前後から購入することが可能です。ETFの場合は、上場投資信託として株扱いの取引になりますが、こちらも1口数百円と少額から買えます。

つまり、少ない投資資金で分散投資が可能ということです。もし日経平均株価に採用されている225の銘柄全てに、一つひとつ個別に投資しようとしたら、どんなに少ない金額でも数十万円から数百万円の資金が必要になります。それがインデックスファンドなら、小学生のお小遣い程度の金額から投資できるわけです。

図表1　日経平均株価の推移（月末値）

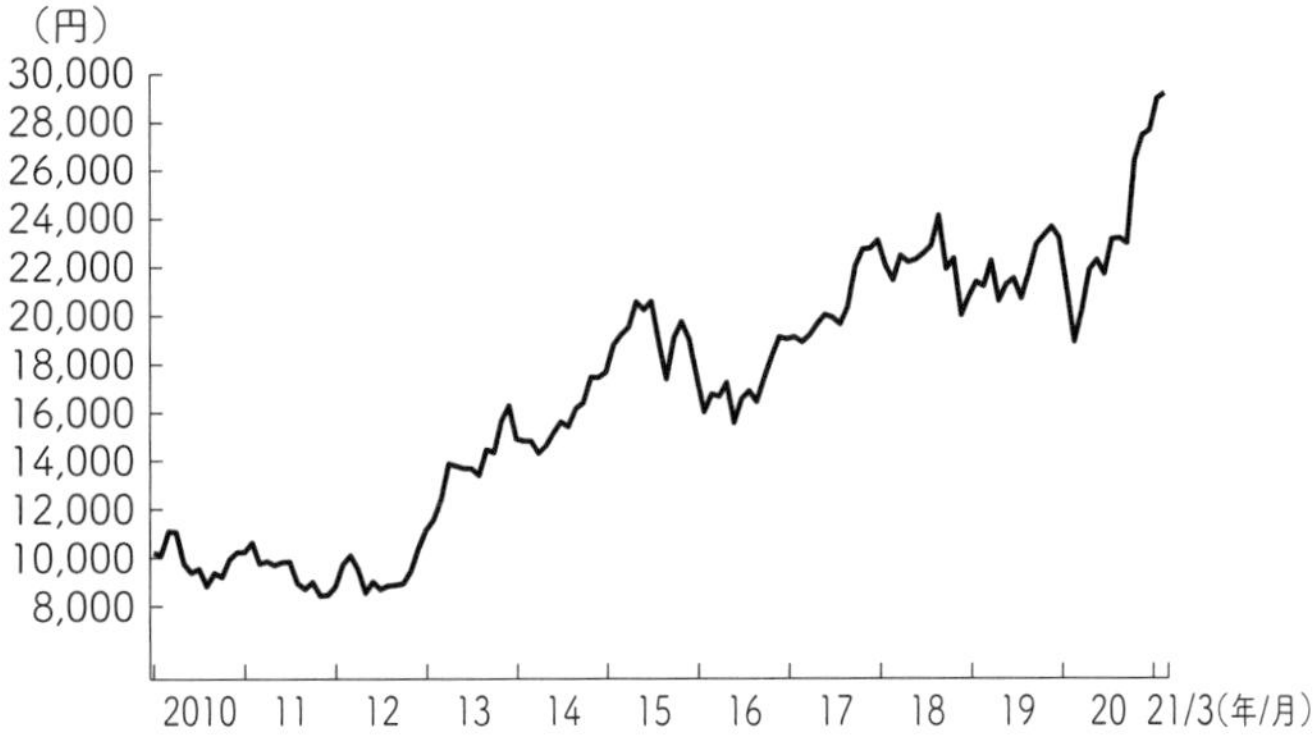

図表2　NYダウの推移（月末値）

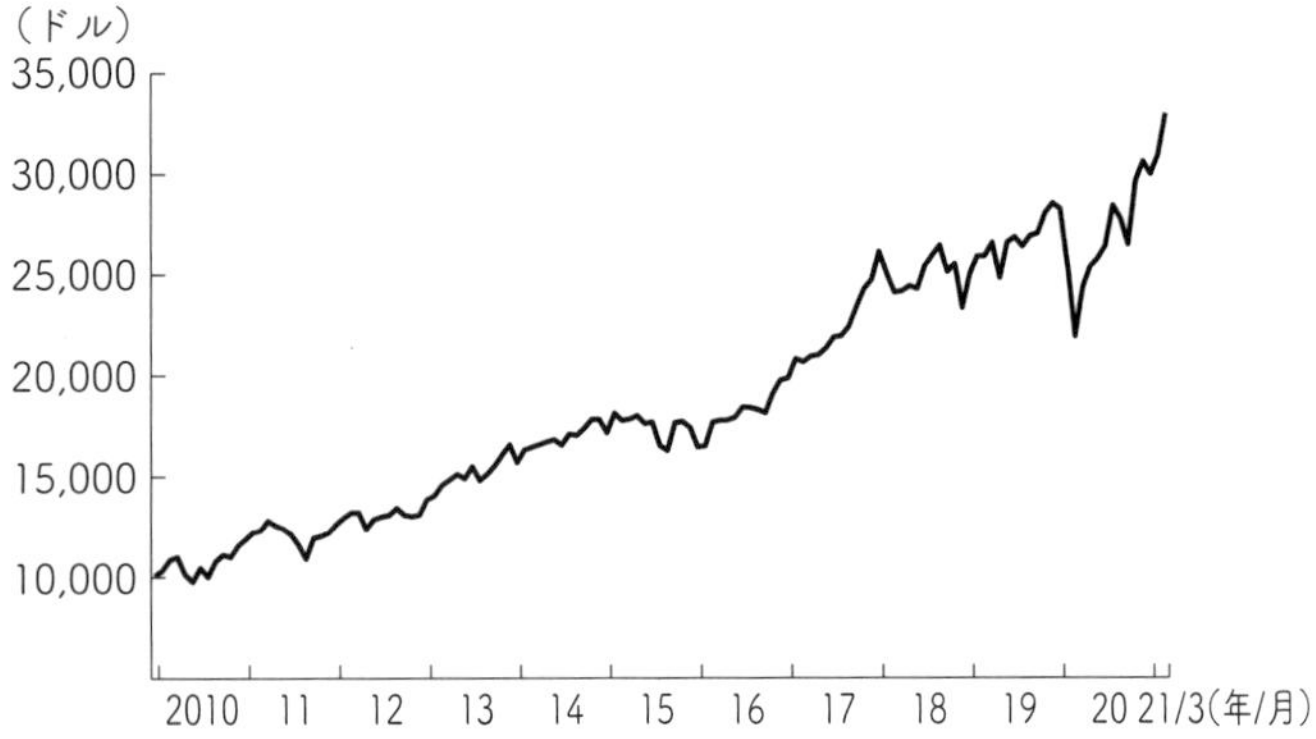

実際、500円玉貯金の代わりに、普段の買い物のおつりを貯めて、インデックスファンドを少しずつ買い増している堅実な専業主婦の方もいらっしゃいます。なかなか良い投資方法だと思います。

メリットその2は、株式投資のように一つひとつの個別銘柄の分析をする必要がないことです。要するに、手間要らず、〝手抜き投資〟ができるということです。投資の勉強や情報収集・分析が大変で負担に感じるような場合は、選択肢のひとつとして検討してもいいでしょう。

ただし、しつこく注意しますが、始めるのであれば、「長い目で育てる」という基本方針を忘れず、長期投資として行ってください。いわば〝ほったらかし投資〟です。個別銘柄への株式投資と同じで、決して目先の価格変動にジタバタしてはいけません。

図表1、2はそれぞれ、日経平均株価とNYダウの最近の10年間の推移を示したものです。日米両国の代表的なインデックスの過去の動きを比較しても、短期的には大きく変動する場面はあるものの、10年単位の長期で見れば、確実に右肩上がりで伸びていることがご理解いただけると思います。

その30 まとめ

果報は寝て待て。代表的なインデックスで、ほったらかしでも資産は増やせる！

その31 「米国人が投資に詳しい」はただの都市伝説!?

米国では幼稚園から金融教育

株式投資を始めようかと迷っている人から、こんな質問を受けることがあります。

「今から投資や経済のことを勉強しても間に合うのだろうか？　そもそも日本人には株は向かないんじゃないか？」

確かに、日本人は貯蓄が好きで、欧米に比べて株式などの収益性商品への資金配分は少ないのが現状です。

図表1は、日本銀行がまとめた日本・米国・欧州（ユーロ圏）の3地域における家計金融資産の構成比率の比較です。それによると、日本では現金・預金が53・3％を占めるのに対して、株式等は10・0％、投資信託はわずか3・9％に過ぎません（直近では株高もあって比率

は変わっているとは思いますが、大きな傾向は変わっていないでしょう）。

一方、米国は現金・預金12・9％に対して、株式等34・3％、投資信託12・0％と、日本とは真逆の比率になっています。米国ほど極端ではありませんが、ユーロ圏でも現金・預金は34・0％に対して、株式等は18・8％、投資信託は8・8％となっています。

こうした違いは、いったいどうして生まれるのでしょうか？

これに関しては、米国はインフレの国だから、投資をしなければお金の価値が減り続けるという問題が指摘できます。

一方、日本はデフレが長く続いてき

図表1　日本・米国・欧州（ユーロ圏）の3地域における家計金融資産の構成比率の比較

＊「その他計」は、金融資産合計から、「現金・預金」、「債務証券」、「投資信託」、「株式等」「保険・年金・定型保証」を控除した残差。

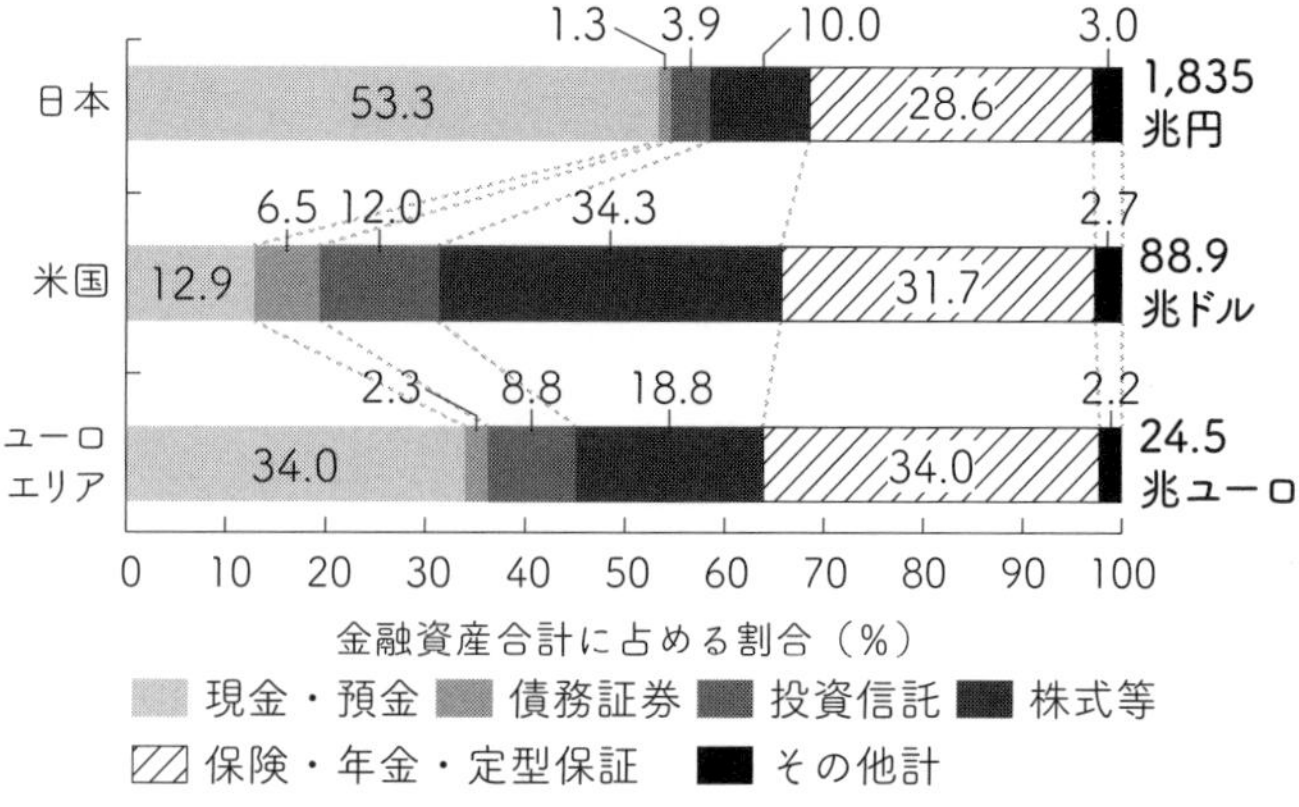

（出所）2019年8月29日付日本銀行「資金循環の日米欧比較」

ました。デフレが続くということは、物の値段が下がりお金の価値が上がるわけですから、わざわざ投資などせずに預貯金をしているだけでも資産の実質的な価値は増えていたからという側面があります。下手な投資をするより現金で保有している方が正解でした。しかし日本でも、その後いろいろな問題が出ましたが、1980年代後半の「バブル」の頃、ほんの短い期間でしたが、多くの人が預貯金から投資にシフトしていましたよね。その後、デフレになって良い対象もないからと投資をやめたという人も少なくないはずです。こうした点がひとつ指摘できると思います。

ただ、もうひとつの大きな要素として、特に日米では、金融教育の違いも大きいと、私は考えています。

日本と違って、米国では小さい頃から、学校の授業で経済や金融についての教育が行われ、子供たちのマネー・経済リテラシー(理解力)を養っています。いつ頃から行われているかというと、早い場合はなんと幼稚園から始まります。民間非営利団体(NPO)の全米経済教育協議会(NCEE)などいくつかの組織が、幼稚園から高校までの金融・経済教育のあり方や方向性を定めており、子供たちにそうした素養を身につける教育を与えることが当たり前になっているのです。

私は米国の高校で使われている経済の教科書などを読んだことがありますが、非常に学びが深く、「日本ではとてもここまでは……」と思わせる内容でした。また、これは聞いた話ですが、米国のある州の小学校では、子供たちに新聞を読ませ、どの企業に投資したいか、その理由を発表させ、最後に株価を見るという授業があるそうです。ここでは株価が上昇したか、下落したかを問題にするのではなく、「なぜその銘柄を選んだのか?」「なぜ上がったのか?」「なぜ下がったのか?」という理由を問いかけながら、政治・経済的な背景まで児童と先生が一緒に考え、学ぶという画期的な内容とのことです。

このように、米国では子供たちが社会に出るまでに、収入と支出の基本から、貯蓄と投資の必要性、さらにはクレジットカードやパーソナルチェック(個人用小切手)の使い方に至るまで、実践的な金融・経済教育を段階的に学んでいきます。

これに対して、日本ではどうでしょうか。図表2は日本証券業協会による「中学・高等学校における金融経済教育の実態調査報告書」からの抜粋ですが、それによると、日本の中学3年生が金融教育を受ける時間は年間1~5時間程度、高校生でも各学年でほぼ同程度の時間に留まっています。

どうも日本では「神聖な教育の場でお金の教育をするとはいかがなものか」という旧態依然とした風潮が残っているようで、同じように、アントレプレナーシップを磨く起業家教育に対しても根強い抵抗があると聞きます。

図表2　中学・高等学校における金融経済教育の実態

(2) 金融経済教育の実施時間

現在、金融経済教育を行っている年間の時間数はどの程度か、学年ごとにご回答ください。

①概観

各学年別で最も多かった時間数は以下のような結果であった。

中学校1年生：「0時間」(74.2%)
中学校2年生：「0時間」(58.2%)
中学校3年生：「1～5時間程度」(44.6%)
高校1年生：「1～5時間程度」(60.9%)
高校2年生：「1～5時間程度」(49.3%)
高校3年生：「1～5時間程度」(47.7%)

②学校・担当教科別

中学校に比べ高等学校で時間数は多くなっている。高等学校では科目によって学年ごとの時間数がやや異なっており、各科目とも高校2年生でやや減少している。なお、中学校社会では公民的分野を第3学年で学習すること、高等学校の教科・科目は学年指定がないことについても留意する必要がある。

また、高校家庭科では学年が進むに従って時間数が顕著に減少している。

(注) 授業時間数に関しては担当学年のみ回答しているケースが多く、有効回答が少なくなるため無回答を除いて集計した。
(出所) 日本証券業協会「中学・高等学校における金融経済教育の実態調査報告書」

日本経済を元気にするには、そうした古臭い既成概念、固定観念を突き崩すことから始める必要があるのではないでしょうか。

米ブラックロック社の調査で明らかになった意外な事実

さて、こんな話をすると、「だから、米国人は投資に慣れているんだ。やっぱり日本人には難しいんだな」と早合点される人がいるかもしれませんが、私が言いたいのはその反対です。実は、こんなデータもあるのです。

世界最大の資産運用会社である米国ブラックロックが2016年に行った「ETF（上場投資信託）意識調査」（「ブラックロック　ETFパルスサーベイ」）によると、ETFの手数料が他の金融商品より比較的安いことを知っていると回答した米国人は34％で、全体の3分の1に留まっています。債券ETFや海外ETFについて知っている人は21％だけ。さらに、新しい考え方で算出される株価指数の「スマートベータ（Smart β）」について理解している人はわずか5％しかいませんでした。

ちなみに、スマートベータとは、市場全体の平均値や値動きを代表する従来の時価総額連動型の指数とは異なり、売上高や営業キャッシュフロー、配当金などの財務指標や株価の変動率など、特定の要素に基づいた銘柄で構成された株価指数のことで、その名の通り「賢い指数」などと呼ばれ、市場でも注目されるようになっています。しかし、そのことを知っている米国人はほとんどいなかったのです。

また、世界のいろいろなところで実施されている「金融リテラシーテスト」について最近知ったことなのですが、米国の場合、すごくやさしい問題で作られているそうです。米国では教育を受けられる人とそうでない人との格差が大きいことがあるためか、誰でも正解を答えられるような出題になっていて、日本のテストとはかなりレベルが違っているそうで、この事実も意外に知られていません。

つまり、よく語られる「米国人は投資に慣れている」なんて嘘っぱちだということです！決して全ての米国人、もしくは大半の米国人が投資に詳しいわけではありません。その反対に、「日本人が投資に不向き」というのもただの偏見、何のエビデンスもない都市伝説のようなものです。

皆さんがたとえ今、金融や経済の知識があまりなかったとしても、投資を諦める必要などありません。もう遅すぎるなんてことは全然ないのです。

しかも、冒頭にお話しした、日本と米国の経済環境の違いを考えると、日本はこれからデフレ脱却を目指してさらにいろいろな政策がすすめられていくはずで、投資が必要な環境になることは十分に予想されます。

今から一生懸命に勉強し、しっかりとした知識を身につければ、資産運用で他の人に差を付けることはいくらでもできます。もちろん、早ければ早いに越したことはありませんが、要は、本人のやる気と努力次第！　迷っている時間がもったいないから、さっさと勉強を始めましょう。

その31 まとめ

やる気さえあれば、投資に「遅すぎる」ということはない。

その32 株式投資は「プロが勝ってアマが負ける」世界ではない

勝つ人もいれば、負ける人もいる

どの世界にも「プロ」と呼ばれる人がいます。プロフェッショナルとはアマチュアに比べて高い専門性と優れた能力を持っているのが普通です。だから、アマがプロに勝つのはほとんど不可能と考えられます（プロ以上に優れたアマもいるし、まぐれ勝ちもあるにはありますが）。投資の世界で「プロの投資家」と呼ばれるのは、銀行や保険会社などの機関投資家*（で働く人）や、ファンドマネジャー*などです。プロの投資家は日々、一般の個人投資家には想像もできないような巨額の資金を運用しています。

＊**機関投資家**　個人投資家などが拠出した巨額の資金を使って株や債券などの有価証券等で運用・管理を行う大口投資家。生命保険会社、損害保険会社、信託銀行、普通銀行、信

用金庫、年金基金、共済組合、農協、政府系金融機関などで、通常は、あまり短期間での売買はしない。

＊ファンドマネジャー 投資信託の運用を行う専門家。運用会社に所属して業務を行っており、投資信託の運用方針に従って、市場や銘柄の分析、選定、組み入れ比率や売買のタイミングを検討し、投資家から預かった資産を運用する。1つの投資信託を複数のファンドマネジャーで担当することも、1人のファンドマネジャーが複数の投資信託を担当することもある。

では、私たち個人投資家はそんなプロの投資家には勝ち目はないのでしょうか？

読者の多くは「そりゃ、そうだよ」と思うかもしれませんが、そうとは言い切れません。普通の人がプロに勝てる要素がいろいろあることを忘れてはいけません。それが、投資の世界の面白いところです。どういうことでしょうか？

マーケットというのは、不確実性が支配する世界です。優れた能力を持つプロがいつも勝つわけではありません。もしプロが必ず勝つのであれば、全てのプロが勝ち続けているはずです。読者の中には「プロはプロにしかわからない情報をいち早く入手できる」と思っている人がいるかもしれませんが、その考えも誤りです。もしそうした秘密の情報を入手できたとしたら、それは単なるインサイダー情報に過ぎず、それで儲けたら犯罪行為です。

プロがいつも勝つのなら、例えば、1人のファンドマネジャーが株式や債券などの投資先を自分ひとりで決めて運用する、いわゆるアクティブファンド*が下がることはないはずです。でも、現実はそうではありません。あなたの周りにも「期待して買ったのに損した！」と嘆いている人がいるのではないでしょうか。

＊アクティブファンド　運用担当者が、株式・債券・その他有価証券等の銘柄とその投資割合を決定する投資信託のこと。一般的にアクティブファンドはベンチマークを設定し、そのベンチマーク以上の運用成績を目指している。

プロであっても、勝つ人もいれば、負ける人もいる。それが投資の世界の、いわば宿命。どんなに投資理論が発達し、AI技術が進化しても、マーケットに参加する無数の人たちの思惑が絡んでいる以上、相場の先行きを完璧に読み切ることなど誰にもできません。勝ったり負けたりは、プロもアマチュアの一般投資家も変わらないのです。

自分の生活をかけて毎日をすごすプロ

それでは、プロの投資家と普通の個人投資家はどこが違うのでしょうか？　私はこんなふうに考えています。プロの投資家は相場の良し悪しに関係なく、預かり資産を運用し続けなければなりません。それもかなり大きな資産を運用しています。プロはそのことによって多額の報酬を得ているわけですから、「今日は相場が悪いから」とか「体調不良だから」とか言って、勝手に休むわけにはいきません。

相場が好調な時は何の問題もありません。右肩上がりの上げ相場であれば、放っておいても上がっていきますから、私たち個人投資家と同じで安心していられます。しかし、ひとたび相場が崩れてしまうと、プロ投資家は大変なことになります。有事で相場が急落すれば、一瞬にして莫大な資産が消えてなくなります。そんな緊急事態にどう対処するか、プロにのしかかるプレッシャーは想像を絶するレベルでしょう。今回のコロナ禍による株価の急落は一時的なもので済みましたが、相場の軟調が長期間続けば、どうやって損失を最小限に食い止め、苦しい中でも運用成績を上げるか、それこそ胃に穴が開くような思いで日々対応に追われることになります。ここがまさにプロとしての腕の見せどころで、有事に強いプロ投資家もいるにはいますが、全てのプロ投資家がそうであるわけではありません。

さらに、プロといっても組織に雇われている立場であれば、運用の期間を決められていますし、毎年、結果を問われる厳しさがあります。運用成績が悪ければクビになってしまうかもしれません。「5年後に上がっています」は通用しない世界です。それに加えて、常に説明責任を負っているため、株価が下がった時にはいったん手仕舞いすることになり、あえて「自分のクビをかけてまで買いにいこう」ということがしにくいなど、様々な制約があるのです。

いつでも自由に休める個人投資家

これに対して、私たち個人投資家はどうかというと、やめたくなったらいつでもやめられますし、休むこともできます。運用資産も、プロに比べて遙かに小さい額です。株式投資には「休むも相場」という格言がありますが、これは一般投資家に向けた言葉と解釈できるでしょう。実際、私も「この銘柄はどうもうまくないな」と思った時などには、いったん「お休み」にすることがあります。ところが、プロ投資家には休む暇などありません。日次、週次、月次、四半期と常に運用パフォーマンスを問われ続け、最後には決算が待ち受けているのですから。

この点、私たち個人投資家は気楽です。もちろん、大切なお金を運用しているのだから気が気ではありませんが、少なくとも他人の資産を預かる「業」として投資しているわけではありませんから、好きな銘柄を好きな時に売り買いできます。どんな銘柄を選ぼうが、そこには何の制約もありません。

これこそがプロ投資家と私たち普通の個人投資家との最大の違いであり、実はアマチュアの大きなアドバンテージなのです。

例えば、「教えの29」で紹介した新興ベンチャーなどの小型株への投資はその代表的なものと言えるでしょう。大型株に比べて、小型株は発行株式数が少ないので流動性が小さいために、巨額の資産を運用するプロ投資家には不向きな投資先です。でも、個人投資家なら将来の成長を楽しみにしながら、自由に少しずつ購入することができます。アマチュアにはアマチュアなりの「勝利の方程式」があるということです。

その32 まとめ

個人投資家ならではのアドバンテージを活かす投資を考えよう!

その33 「上がる株」には共通する条件がある——初心者のための日本株投資の分析手法

投資先を見つける4つの条件

「教えの29」では、日本株投資は大企業ではなく、将来の成長が期待できる新興企業（小型株）に注目しましょうとご提案しました。その中でも少し触れましたが、具体的な投資先の候補銘柄の見つけ方・選び方について、もう少し詳しく説明したいと思います。

過去の株価の膨大なデータを分析すると、「上がる株」にはいくつかの条件があることがわかっています。その条件に当てはまる企業（銘柄）の方が、当てはまらない企業よりも株価が大きく上昇しているケースが多く見られるのです。その差は、統計学的にも有意な差であることが数多くの実証研究によって明らかになっています。

いくつかある条件の中で、私が特に株式投資の初心者にお勧めしているのは、次の4つの条

件から投資先候補を見つける方法です。それは、

①ＩＰＯ（新規株式公開）をしてから10年以内の企業であること

②社長または最高経営責任者（ＣＥＯ）が創業者であること

③その社長・ＣＥＯが一定割合以上の自社株を所有していること、つまり、オーナー経営者であること

④時価総額が５００億円未満であること

です。

これらは、株価が上がる企業に共通する〝素質〟のようなものと考えてもいいでしょう。①と④は、企業の成長力に関わる条件です。まだ若くて、伸びしろが大きいかどうかを判断する材料になります。②と③は、意思決定（decision making）のスピードに関わる成長条件です。創業者が経営実権を握っているオーナー経営の企業は、大企業よりも意思決定が速い傾向があります。何事もトップダウンで即断即決できるからです。変化が激しい今のような時代には、これは大きな武器と言えます。

その半面、これは両刃の剣でもあります。オーナー社長が判断を誤れば、規模がまだ小粒なだけにアッという間に傾いてしまう場合もあります。この点は小型株の最大のリスク要因と言えます。

いずれにせよ、どれも大変シンプルで、初心者にもわかりやすい条件だと思います。この4条件でスクリーニングするだけで、投資先候補はかなり絞られます。そのうえで、時代のトレンドを自分なりに分析し、応援したい企業や事業内容が良く理解できる企業などを選ぶと良いでしょう。

「10倍銘柄」は夢ではないが、リスクも大きい！

株式投資の世界では、よく「テンバガー（ten-bagger）」というものが話題になります。英語で「10塁打」という意味で、株価が10倍になった銘柄を指します。日本語で「10倍銘柄」とも言います。日本ではこの4条件を満たした企業の中から、数多くのテンバガー銘柄が誕生しています。

日本では、先ほどの4つの条件に当てはまる企業の多い東証マザーズ上場企業の中でテンバガーを達成した銘柄を見ると、その多くがＩＴ関連、医療・ヘルスケア関連などの成長分野で台頭している新興ベンチャーで、時代のニーズを的確に捉えた経営戦略や研究開発力、技術力がマーケットで高く評価されていることがわかります。ただし、重ねてお断りしておきますが、私は決してこれら特定の銘柄を推奨しているわけではありません。株価が急騰するような急成長ベンチャーには、必ずリスクもあることは忘れないでください。

ひとつのケースをご紹介しましょう。まだ比較的新しい事例ですが、テンバガー達成の栄光とその後の挫折を、短期間でジェットコースターのように体現した企業があります。それは、有名な「いきなりステーキ」を展開するペッパーフードサービスです。同社は２００６年９月に東証マザーズに上場、２０１７年５月には東証２部に市場替えし、同年８月に東証１部に昇格しました。マザーズ上場から約10年後の東証２部への市場替えの時点で、10年ギリギリのタイミングではありましたが、見事にテンバガーになりました。

しかし、この間もその後も、同社の経営は迷走を続けます。従業員による度重なる不祥事の発生、矢継ぎ早の新規事業の開発や国内外での急ぎ過ぎた店舗展開などで業績不振に陥ります。そのため、「いきなりステーキ」の大量閉店、主力事業だった「ペッパーランチ」事業の売却などのリストラ策を断行し、事業の立て直しに取り組んでいるところです。株価も２０２１年４月現在、３００円前後に低迷しています。

もし、あなたがマザーズへの上場時に同社株を買い、最高値圏にあった２０１７年頃に売り抜けていたとしたら、大きな利益を得ることができたでしょう。反対に、売り時を逃し、今も持ち続けているとしたら、かなりの含み損を抱え込む結果になっているはずです。

手持ちの株式をいつ売るか、「売り時のタイミング」を見極めることは本当に難しいものです。キャピタルゲインを狙った短期投資の場合はもちろん、たとえ長い間持ち続ける長期投資の場合でも、いつかは手放す時期が来ますから、今から真剣に準備しておく必要があります。

売り時の見極め方については、項を改め、詳しく説明することにします。

その33 まとめ

日本株投資は、複数の条件で絞り込むことから始めよう。

その34

株式投資の唯一の法則は「条件に合えば買い、条件から外れたら売る」

値動きのタイミングで売買するものではない

株価が下がって底値を付けた時に買い、天井まで上がった時に売る——。皆さんもこんな話を聞いたことがあると思います。でも、こんなプロでもできないような神業を簡単に実行できるくらいなら、誰も苦労はしませんよね。株で損をする人もいないでしょう。このように値動きのタイミングで売買し、儲けたり損したりすることは、そもそも投資とは言いません。これは投機です。株価が上がったの、下がったのと一喜一憂しているようでは、資産は増やせません。

とはいえ、株式の売買のタイミングを間違えないようにする法則が、実はひとつだけあります。それは「条件に当てはまる銘柄を購入し、条件に当てはまらなくなった時に売却する」という実にシンプルなものです。本来の投資とは、こういうものを言うのです。

ここでの「条件」とは、前項で述べた上がる株の4条件ではなく、それをベースにして、自分自身で決めた「あなただけの投資先の条件」という意味です。「好きな商品を作っているから」とか、「女性が活躍している会社だから」とか、「環境対策への取り組み姿勢に共感できるから」など、あなただけの「投資先を応援するための前提条件」と言い替えてもいいでしょう。手間ひまはかかりますが、この法則を確立することが基本です。

もう一度言いますが、目先の利益を追求する行動は単なる投機なのであって、条件に合う銘柄を選んで資金を投じ、長期的な成長と利潤をじっくりと追求するのが真の投資です。そう考えると、「短期投資」という言葉は投資の本質と矛盾する言い方かもしれません。短期的な値動きだけを見て売買のタイミングを判断するのが短期投資の条件なわけですから、それは限りなく投機に近い考え方だと言っても過言ではありません。

売り時の判断例その1——好きな商品・店舗がなくなった時

次に、「応援条件に当てはまらなくなった時」とはどんな場合なのか、前項で取り上げたペッパーフードサービスを例題にして考えてみましょう。

例えば、あなたが食いしん坊で「いきなりステーキ」や「ペッパーランチ」が好きでよく行くから、同社株を上場時に購入したとします。その投資判断には「業績を伸ばして利益を上げてほしい」という期待に加えて、「お店をもっと増やしたり、味やサービスをもっと良くしたりしてほしい。そうなれば、もっと行きたくなるから」という、ファンとしての思い入れもあるはずです。

ところが、その後の展開は期待外れ。途中までは順調だったものの、無理な事業・店舗展開がたたって「いきなりステーキ」は店舗網を大幅に縮小、「ペッパーランチ」に至っては他の会社に丸ごと売却することになってしまいました。

普通に考えれば、ここが同社株を手放すタイミングになります。「もう以前のような味やサービスは望めないだろう」と考えれば、最初の応援条件から外れるわけですから、売却するという判断になるでしょう。けれども、「まだステーキ事業は続けていく計画だし、きっと経営再建できるはず」と考えれば、何も急いで売ることはありません。目先の株価など気にせずに、そのまま持ち続ければよいのです。どちらを選択するかは、同社の今後の経営に対するあなた自身の分析や思いの強さ次第ということです。

売り時の判断例その2——創業社長が退任した時

もうひとつ、投資先の創業社長が交代するというケースを考えてみましょう。

あなたがハイテク系ベンチャーX社の株式を上場時に買ったとします。同社の創業社長であるY氏は強烈な個性とリーダーシップでX社の成長を引っ張ってきたオーナー経営者です。上場後も業績は絶好調で、同社株を持ち続けることに何の不安もありませんでした。

ところが、X社はある日突然、M&Aによって別の会社に買収されることがわかりました。創業社長のY氏も退任し、自分の持ち株も全て売却して、X社の経営から一切身を退くというのです。さて、あなたならどのように判断するでしょうか?

この場合も、要はあなた次第なのですが、基本的にはここは手仕舞いにする、つまり売却を考えるタイミングでしょう。なぜならば、会社の顔のような存在であるカリスマ型の創業社長が退く場合、その後の経営戦略だけでなく、企業文化や企業風土まで大きく変わってしまうことがままあるからです。「看板は同じでも、中身は全く別の会社」になってしまえば、当初の応援条件から外れることになります。

投資先を選ぶ条件は、業績データのように数字で計測できる定量的なものだけでなく、むしろ、数字では捉えきれない定性的なものの方が多いかもしれません。「好きなお店がなくなる」「創業社長が退く」といった応援条件の変化は、その典型例です。

応援条件を決めるうえで大事なことは、複数の条件を設けることです。ただ、あまり多過ぎると、話がややこしくなって、判断に迷うことにもなりかねません。その点は要注意です。何個くらいが適切かは人それぞれで、一概には言えませんが、最低限の条件さえ決めておけば、売買のタイミングを検討することは比較的簡単にできると思われます。

その34 まとめ

売買のタイミングは「値動き」でなく、「応援条件」で判断する。

その35 株価は常に間違える、だから無視して構わない

株価を決めるのは「投資家の気持ち」

上場企業の株価はいったい誰が決めているのでしょうか？　その企業の社長でしょうか？　それともオーナーや大株主？　でなければ、企業の業績で決まる？

どれも不正解です。株価は、市場で取引をしている投資家が決めています。正確に言うと、投資家心理、つまり、「投資家の気持ち」が株価を決めているのです。どういうことでしょうか？

そもそも株価とは何でしょうか？　各々の理由から株を売りたい人と買いたい人がいて、その人たちの間で売買が成立した時に受け渡された金額のことです。当然、売りたい人は1円でも高く売りたいし、買う方は1円でも安く買いたいというのが人の心理です。通常、この株を

買おうと思うのは、もちろんその会社が自分の条件に当てはまることが大前提ですが、買ってもいいと思う値段だからですよね。ところが、同じ会社の株を多くの人が買いたいと思えば、需要供給の法則により当然、株価は上がってしまいます。

ありがちなのが、この会社の良い点に気づいた、それを考えると株価は割安だ、と思って買いにいくのですが、その時点ではもう多くの人がそれを知っていて、同じように買いにきている。自分だけが知っていると自信過剰になっていて結局、買った時には既に株価が上がってしまっていたというケースです。何らかの判断材料を手にして「この会社はいい」と自信をもって買いにいく時点では、既に多くの人がそれに気づいていて、株価も既に上がっているのです。ですから、上手に買おうと思ったら、誰も気づいていないその会社の魅力に、いち早く気付く必要があります。そして、買いに入る時にも、「これはみんながもう知っていることではないのか？　株価はそれを織り込んでもう上がってしまっているのではないか？」と、自分に問いかけることです。だからこそ、人一倍知識と情報を蓄える必要があるのです。

別の角度から考えてみましょう。そもそも、なぜ投資家はその銘柄を欲しがるのでしょうか？　理由は簡単です。ズバリ、利益が欲しいからです。「これから株価は上昇する」というキャピタルゲインを得られることを期待したり、「配当が増える」というインカムゲインを得られることを期待したりするからこそ、その銘柄を選んで投資をするわけです。

例えば、あなたが前から気になっていた銘柄の株価が高くなってきたとします。すると、あなたはどう考えるでしょうか？　買おうと思っていた時より高くなっちゃったから、相場が落ち着くのを待って、もう少し安くなったら買おう——。世間の普通の個人投資家なら、おそらく、こんなふうに考えるのではないでしょうか。

でも結局、株価は下がらず、むしろジリジリと上がってしまい、「あ～あ、あの時、買っておけばよかった」とがっかり。そんな人が結構多いのではないかと思います。

逆に、株価が下げてきました。すると、今度は「もうちょっと下がるのを待とう」と考えて、決断できないまま、結局、買いそびれてしまう。そんな人も多いでしょう。目先の株価ばかりを追いかけていると、このように気持ちが揺れ動いて、なかなかいいタイミングで買えないものです。これは、売りたい場合も全く一緒です。

要するに、なんで株価はあなたの思い通りにならないかというと、取引に参加している何千、何万という投資家が、あなたと同じように考え、同じように行動しているからです。あなたと同じように悩んだり、迷ったりしている多くの投資家たちの心理が相互に影響し合い、時に増幅しながら、株価を決めていくのが株式市場なのです。

ソロス氏も「株価は常に間違っている」と言っている

天才投資家と言われるジョージ・ソロス氏は、「再帰性（リフレキシビティ）」という理論をもとに、人の心理が与える相場への影響について語っています。理論そのものについては、書籍などを通じてご自分で勉強していただきたいのですが、非常に簡略化していうと、以下のような考え方です。

株価というのは常に間違える。なぜかというと、例えば、株価が100円から150円になったとする。そこで株が上がったからということで買いにくる人が出てくる。その結果、株価は200円になる。さらに今度は、200円になった、すごく上がっているということで買う人が現れ、株価はさらに上昇して250円になる。こうなると、もともと100円だったという株価はどこかにいってしまい、ここに乖離が生まれることになる。つまり、株価が動いた後に、それを見て買ったり売ったりする人がいるために、これが連鎖していき、結果として、今ある株価が本来の価値とは違うものになってしまう。このように、常に株価というのは本来の価値とは違うところで動いているというのです。

これは株価が下がるときも同じで、下がったから売るという人が出てきます。慌てて売ろうとする人は少なくありません。それが連鎖して、下がり続けてしまうことになるというのですね。

本来、株を売ったり買ったりする時は、本当の価値と比べて割高か割安か、あなたが買っても（売っても）いいと思える価格かで判断しなければいけないのに、そうではなくて、今この瞬間の株価がどう動いたかだけを見て売ったり買ったりする人がいるために予想以上に上がったり下がったりしてしまい、結局、「株価は常に間違えている」ことになる、というものです。

株価は結局、人間の期待値や落胆のかけ合わせで決まるのです。そして、この期待値と落胆は人の心理ですから、常に上下します。ムードや勢いに左右されやすいものです。そうした人間の心理は、誰にも正確に読み取ることはできません。だから、無視してしまった方がよいのです。

賢明な投資家が見るべきは、株価ではなく、株価から人の感情を取り除いた部分、簡単に言えば、会社が上げる利益の部分です。しかも、今現在だけでなく、将来上げると見込める利益です。株価は無視して利益を見る、と考えてください。

コロナ禍の世界全面株高はなぜ起きているのか?

2020年には、コロナ禍で全世界が大不況に陥っているにもかかわらず、株価は世界のどの市場でも大きく値上がりしました。なぜこんな経済の実情に合わない現象が起きているのでしょうか?

日銀や米国FRB(連邦準備制度理事会)などの通貨政策当局が市中に資金を大量供給してカネ余りが起きていることが大きな要因でしょうが、もうひとつの理由は「コロナ禍が終息すれば、世界経済は再び力強く上昇する」という全世界の投資家の気持ち、期待が背後で支えているからだと思われます。

このように、株価は必ずしも足元の企業業績をダイレクトに映した価格にはならないし、企業価値とぴったり一致するわけでもありません。株価は企業価値に投資家心理が掛け算されて決まるものであり、投資家の期待や思惑はときに価格を歪めます。

つまり、株価は常に間違える、ということです。このことをよく覚えておいてください。あなたが投資をする時に「正しい株価」「正しい買い時」など元々ないのです。だから、何度も述べてきたように、自分の条件に合った銘柄であれば、目先の値動きなど無視して構いません。買おうと思った時に買う。それだけでよいのです。重要なのは「この先どうなるか」だからです。

なお、株価には「理論価格」というものがあります。理論株価は、企業価値を発行済み株式数で割ったもので、1株当たりの企業価値＝株主価値という考え方に基づいています。この計算式で求めた株価は、帳簿から割り出して計算された株価ということになります。詳しくは、この後の「教えの37」で説明します。

その35 まとめ

株価が思惑通りにならないのは、他の人も同じように考えているから！

その36

株価チャートは過去の記録、明日は誰にもわからない

過去の記録から将来は読み切れない

株式投資につきものの「株価チャート」とはいったい何を表すものでしょうか？　ひと言で言えば、株価の動きを示すグラフで、日本語で「罫線《けいせん》（表）」とも言います。つまり、「株価の記録」です。過去にどのような取引が行われ、どんな値動きをしたかが、株価チャートを見ると視覚的によくわかります。

では、ここで問題です。次頁のチャート図を見て、この先どうなるかを判断してください。グラフの形状から、今後このチャートは上向きに推移するでしょうか？　それとも、下向きに推移するでしょうか？

「これだけではわからないよ！」と答えた方が多いと思います。正解です！　私も同じように

折れ線グラフはこれから上がる？　下がる？

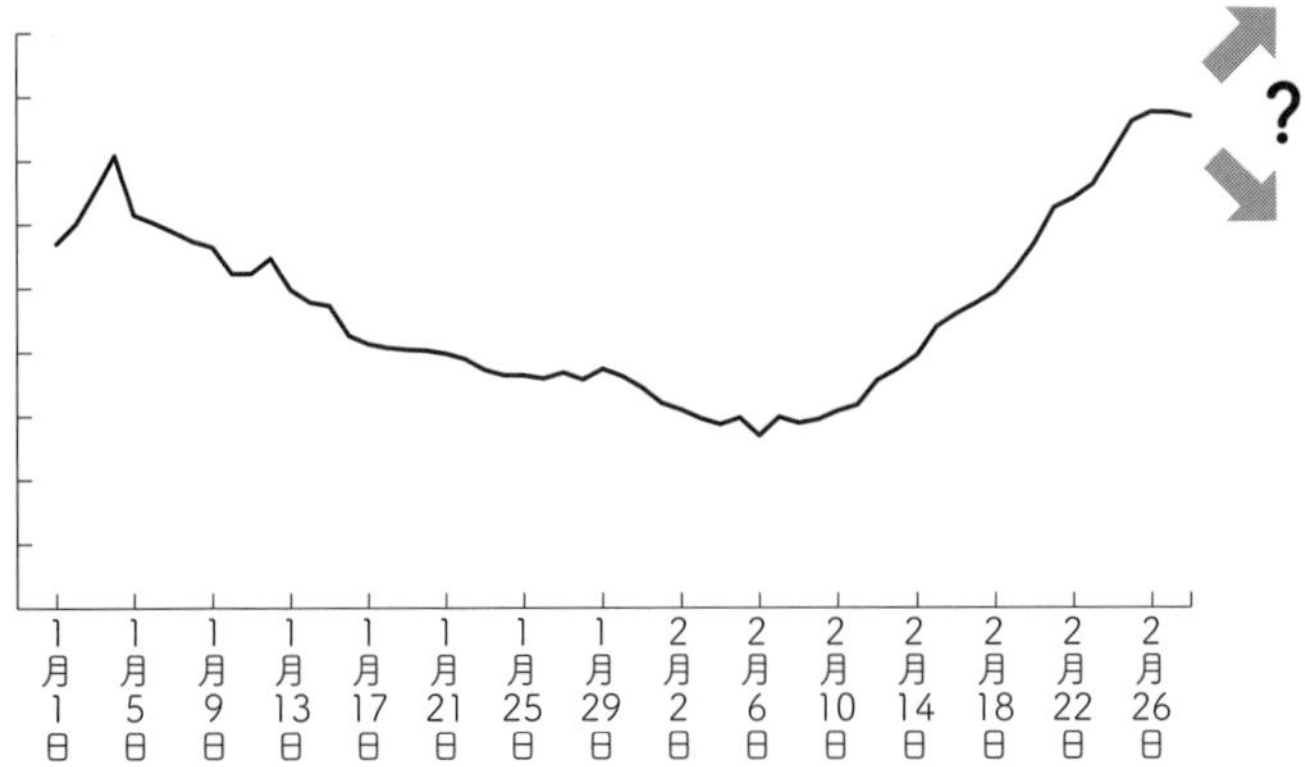

答えます。しかし、こうしたグラフの形状から、次の展開を予想する人が投資の世界にはいらっしゃいます。いわゆる「チャーチスト」と呼ばれる人たちです。彼らはこうした単純な個別銘柄のチャートだけでなく、インデックスのチャート、時にはＧＤＰをはじめとする経済指標などを縦横に比較対照したり、さらには「ローソク足」であるとか、「移動平均線」といった様々なツールを駆使したりしながら、今後の株価を予想します。こうした手法は「テクニカル分析」などと呼ばれます。

もちろん、「過去がこうだったから、今後はこうなるだろう」と予想することは可能かもしれません。あるいは、チャートを使って、切りのいい数字や過去の最高値・最安値など、「節目」と呼ばれる価格の付近での売り買いの攻防を見るという人もいることでしょう。読者の中にも新聞の株式欄で「神経質な取引が続く」といった表現を見ることがあると思いますが、株価チャートはそうした株式市場における心理的な攻防を分析する際によく利用されます。

しかし、予想はあくまでも予想に過ぎないのであって、予想した通りになるとは限りません。むしろ、そうならないことの方が多いのです。チャートを使った分析は、過去のデータ分析というよりは、「過去のデータを材料にした心理戦の分析」ではないでしょうか。

心理戦による売り買いは、投資とは言いません。投資というのは本来、価値を生み出す銘柄を見つけ出し、そして、なるべくその価値よりも低い価格で購入・保有して、その成長を見守っていくものだからです。心理戦はスリルを楽しむギャンブルに近い、と私は思います。

ダイエットも、投資も正しい方法でないと、効果は上がらない！

私はなにもチャート分析を全面否定しているわけではありません。チャート分析は奥深く、しっかりとした知識を習得して利用すれば、株式投資のいろいろな側面が見えてくることは確かだと思います。個人の投資力、分析力を磨くうえでは、チャート分析は有力なツールのひとつにはなりますが、決してそれだけに頼ってはなりません。チャート分析を使いこなすのは容

36 株価チャートは過去の記録、明日は誰にもわからない

易ではないからです。テクニカル分析の手法を解説した本はたくさんありますが、そこに書かれた知識だけでうまくいくのであれば、誰も苦労なんかしませんよね。楽しくて儲かる方法なんてないのです。成功しているのは、基礎的な知識をベースに、自分だけのオリジナルのチャート分析手法を編み出した人たちなのです。

ちなみに、冒頭に掲げたチャートですが、実はこれ、株価のチャートではありません。私の過去2カ月間の体重の変化をグラフ化したものです。騙してごめんなさい。

何のためにこんなものを作っているか、ですって？　もちろん、ダイエットのためです。体重が増えてきたら、食事に注意したり、運動で汗を流したりして頑張ります。その結果、無事に体重が減ってくる。でも、気を抜くと、すぐにリバウンドしてしまいます。それでまた慌ててダイエットに励む。その繰り返しです。

全く情けない話ですが、要するに、体重のグラフは過去の変化を見ながら、これから先の未来をどうしていくかを考えるための参考データとして活用しているわけです。その後の結果は、本人の努力次第ということです。

株価チャートも、本質はこれと同じだと思います。特に初心者にとってチャートの形状は、あくまでも過去の推移を参照するためのツールに過ぎないと考えることです。ただ、体重と株価の違いは、自分の努力だけではこれから先の未来は決められないこと。したがって、やるべ

きなのは、株価チャートを見て未来を予想することではなく、いかにして自分の応援条件に合う銘柄を見つけ、価格が低い時に購入し、育てていくかを考えることです。

ダイエットも、資産運用も、正しい方法でなければ、効果は上がりません。皆さん、正しい方法で汗を流しましょう!

その36 まとめ

心理戦は投資ではない。のめり込んだら、身の破滅!

その37 株価収益率（PER）を見れば「投資家の気持ち」がわかる

理論上の株価は算定できるが……

株価には、株式市場での取引によって付けられる現実の株価とは別に、理論上の株価があります。

「教えの35」で既に述べたように、理論株価は企業価値を発行株式数で割ったもので、1株当たりの企業価値＝株主価値という考え方に基づいて算出されます。簡単に言うと、「この企業の株価はその企業価値から考えて、この値段が付いてしかるべき」という理論上の適正価格を表すものです。ですから、現実の株価が理論値よりも高ければ割高、安ければ割安と判断されることになります。

理論株価の算定方法として最も広く使われているのは、「企業価値評価法」をベースにした方法です。詳細は省きますが、M&A（合併・買収）の際のデューデリジェンス（資産査定）にも用いられる考え方です。

といっても、実際の計算方式はいろいろあって、証券会社やアナリスト、マネー・経済誌、新聞社などによって独自のアレンジを加える場合が多く、多種多様な理論株価なるものが〝乱立〟しています。それぞれに考え抜いた根拠はあるわけですから、どれが正しくて、どれが正しくないと一概に言うことは難しいのが実情です。

ただ、はっきり言えることは、株価は決して理論株価通りにはならないということです。なぜならば、繰り返しになりますが、現実の株価は市場で取引する投資家の気持ちが相互に作用し合いながら決まるものであり、理論株価も投資家心理が複雑に絡み合う売買の材料のひとつになってしまうからです。つまり、誰もが納得し、誰にとっても間違いのない完璧な理論株価を導き出すことなど、そもそも不可能だと私は思います。

割高か、割安かを見るグローバルスタンダードの指標はＰＥＲ

それよりも、株式投資をする読者の皆さんに覚えておいてほしい指標のひとつに、「ＰＥＲ

(Price Earnings Ratio)」があります。日本語では「株価収益率」と言い、最も重要な株式投資の指標のひとつになっています。PERは次の計算式によって、誰でも簡単に求めることができます。

株価収益率(PER)＝株価÷1株当たり当期純利益

「当期純利益」とは、1年の決算年の間にその企業が事業活動などで得た最終利益のことです。当該期間中に稼いだ「経常利益」から特別損失などや法人税を差し引いて企業の手元に残った利益を指し、「税引き後利益」とも言います。企業は純利益の中から株主への配当金を支払い、残りは純資産として内部に蓄積（留保）し、研究開発費や設備投資など次の成長に向けて活用することになります。なお、1当たり当期純利益は、短く「1株当たり利益」とか「1株益」などと言うこともあります。

PERは、その企業の株価が実際の純利益に対して何倍の値段が付いているかを見る世界共通の尺度、グローバルスタンダードになっています。その倍率つまりPERが高ければ高いほど割高、低ければ低いほど割安と判断されるわけです。

一般の個人投資家の株取引においても、理論株価よりもむしろPERの方が投資判断の〝基準〟として定着しているように思います。というよりも、理論株価の中にはPERを算出方法のベースにしているものも多く、ある意味でPER自体が銘柄選びのモノサシになっていると言っていいでしょう。

どんな使い方をするか。例題としてトヨタ自動車のPERを計算してみましょう。2020年3月31日の同社株の終値は6501円、1株当たり純利益は735・61円でしたから、PERは6501円÷735・61円＝約8・84倍となります。反対にPERがわかっていれば、1株当たり利益に掛け算して、株価を計算することもできます。

さて、問題はこの「PER＝8・84倍」をどう見るかです。実際の1株当たり純利益（＝株主価値）よりも8倍以上の値が付いているわけですから、投資家の期待はそれ相応にはあると言えますが、2020年12月の東証1部の加重平均PERは、30・1倍です。業種別で見るとトヨタ自動車は輸送用機器になりますが、東証1部の輸送用機器の加重平均で見たPERは、21・1倍なので、それから見ても半分程度ということになります。

ですが、PERがこれで充分なのか、もっと高くてもいいのか、あるいは高過ぎるのか、その判断は人ぞれぞれで違ってきます。あなたがどう判断するかは、結局のところ、あなた次第ということです。

個別銘柄のPERの水準を考える時、最も一般的なやり方は、業界平均やライバル企業のPERと比較検討する方法です。このケースなら、自動車業界の平均や、ライバルである独フォルクスワーゲン、国内メーカーなら日産自動車やホンダなどと比較することになるでしょう。

テスラ株のPERはなぜこんなに高いのか

でも、ここで忘れてはいけない企業があります。電気自動車（EV）メーカーの米国テスラです。脱炭素社会の実現が喫緊の課題となるなか、テスラは世界中の投資家の熱い視線を浴びて、株価が急騰しています。2021年4月27日時点の同社のPERはなんと1158・65倍、同日のトヨタのPERは15・11倍でした。今現在の生産台数ではテスラはトヨタの10分の1以下であるにもかかわらず、です。テスラの将来性に対する投資家の期待がいかに高いかがおわかりいただけるでしょう。

テスラ以外にも、米国にはPERがとてつもなく高い企業がたくさんあります。このことが、「教えの28」と「教えの29」で日本株と米国株の投資スタンスを変えるべきと述べた大きな理由になっているわけです。

ちなみに、ある個人投資家の方のブログによると、2017年8月25日時点でのテスラの

ＰＥＲはマイナス74・01だったそうです。この時点ではまだ海のものとも山のものともつかない会社と見られていたのが、わずか3年半ほどの間にここまで評価が高まっているのです。株価自体も当時の69・61ドルから、７３８・20ドル（２０２１年４月27日現在）に跳ね上がっています。

最近は日本でも、株式投資に向かう資金が増えていることやインデックス投資が盛んになってきたこともあり、ＰＥＲは上がる傾向にあります。

参考までに、最近の日経平均のＰＥＲの推移を見てみましょう（図表）。２０２０年5月以降大きく上昇していることがわかります。この背景には、日銀の追加金融緩和やＧＰＩＦ（年金積立金管理運用独立行政法人）の株の買い増

日経平均PERの推移

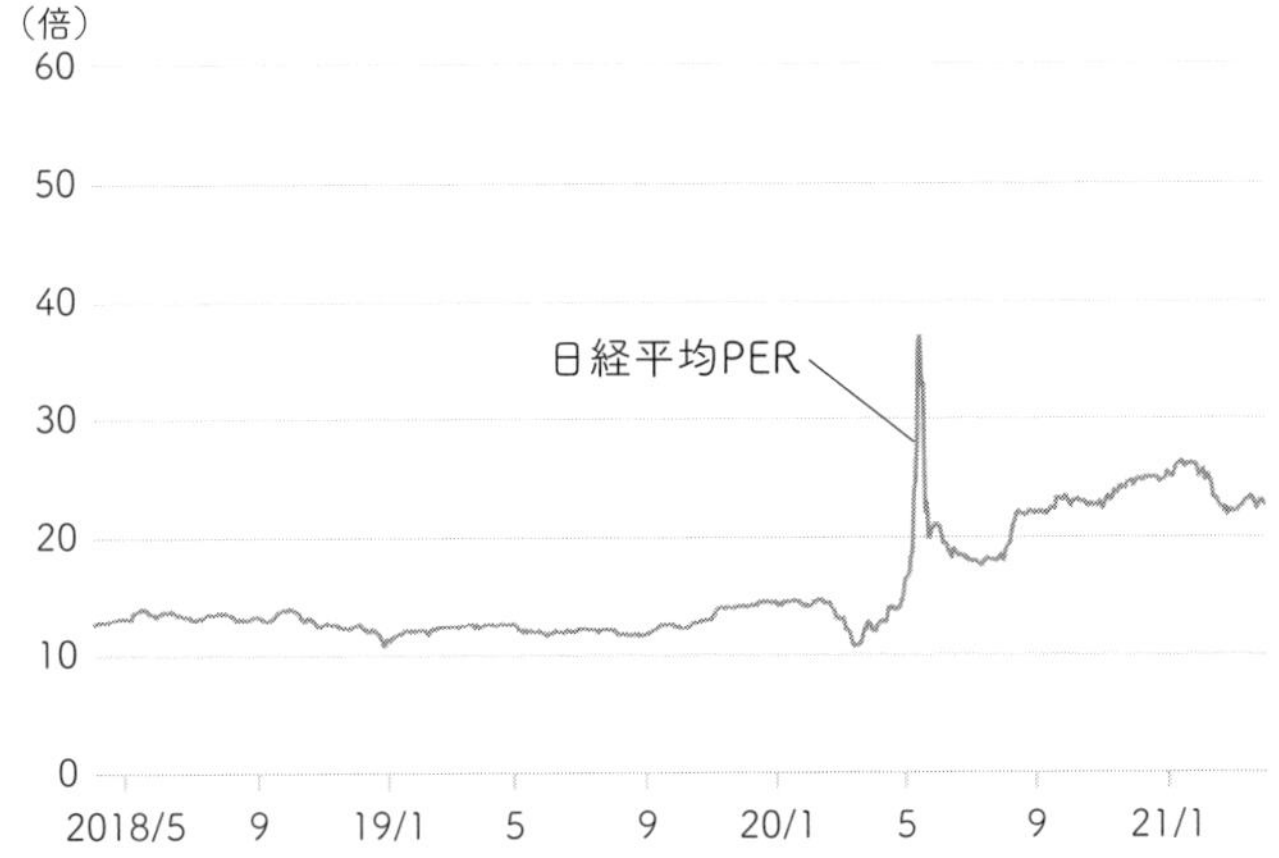

しなども影響していると思われます。これによって、投資家の心理が上向きになったと考えられるわけです。

世界中で今、ＳＤＧｓ（持続可能な開発目標）への取り組みの重要性が叫ばれています。ＰＥＲにも、そうしたグローバルな課題解決への期待値も色濃く反映されています。皆さんがＰＥＲを活用する時には、そうした視点で分析することも大事だと思います。

その37 まとめ

ＰＥＲに含まれる「市場の期待」の意味や背景をよく考えよう。

その
38

株式投資分析の基本その1

まずは「ホームページなどの読み込み」から

企業のホームページは情報の宝庫

ここからは、株式投資分析の基本について説明していきます。

投資分析の第一歩は「スクリーニング」です。投資する候補の銘柄を「振るいにかける」作業です。「教えの33」では具体的な方法として、「上がる株を絞り込む4つの条件」をご紹介しました。おさらいをすると、①上場してから10年以内であること、②社長・CEOが創業者であること、③その社長・CEOが一定の比率以上の自社株を保有していること、④時価総額が500億円未満であること──の4つです。この条件だけで、かなり絞り込むことができます。絞り込みが終わったら、次はあなた自身の「応援条件」でさらに分析を進め、最終的な投資先を決めていきます。そのためには、もっとたくさんの企業情報が必要になります。どうや

38 株式投資分析の基本その1 まずは「ホームページなどの読み込み」から

って調べればよいでしょうか？

私がお勧めするのは、その企業のホームページ（ＨＰ）を見ることです。

例えば、あなたがレストランで美味しい食事を楽しもうと思ったら、まずは目的のレストランのＨＰを見ますよね。そこに掲載されている写真でお店の雰囲気を見たり、メニューや料金を確認したりするはずです。温泉旅行をしようと思ったら、ホテル・旅館のＨＰを調べて、交通アクセス、部屋の間取りや清潔感、食事処の雰囲気や料理の内容、露天風呂の有無など、いろいろなことをチェックすると思います。

投資分析もこれと全く一緒です。こう言うと、「ＨＰなんてどこも似たり寄ったりだし、ありふれた情報しか載ってないんじゃない？」と思う人がいるかもしれませんが、決してそうではありません。今やＨＰは「企業の顔」とも言われるように、至るところにその企業の特徴が現れるものです。一見ハデで見栄えはいいけれど、事業の中身がよくわからないＨＰもあれば、あっさりとした造りでやる気も情熱も伝わってこないＨＰもたまに見かけます。細かい部分までよく行き届いたＨＰもあれば、どこに何が書いてあるのか、迷路みたいなＨＰもあります。

最近の新興ベンチャーのＨＰにはよく工夫したものが増えているように感じます。若々しい感性に溢れていて、遊び心も満載でわかりやすく、楽しいＨＰに出会うと、こちらもワクワクしてきます。ＨＰを見れば、その企業の〝人となり〟がよくわかります。これ自体が貴重な情報なのです。

情報はいろいろなところで見つけられる

なお最近は、HP以外にも、インターネットを検索すると様々な企業の評判などが書かれたページが存在しています。もちろん、なかには単なる誹謗中傷の類もありますから注意が必要ですが、その企業の商品やサービスに関すること、従業員による口コミや元従業員による評価など、普段その企業と直接接したことのない人にはわからない情報も目にすることができるので要チェックです。

また、社長やその会社のキーマンたちの講演やインタビュー記事なども、ネットに掲載されている場合が少なくありません。かつては、その講演に参加した人や特定の雑誌などを購読している人にしか触れることのできなかった、そうした会社の人たちの生の声に、間接的ではありますが触れることができるようになっています。

そのほかにも、社長が自らの理念をまとめた本を出版していることもあります。

さらには、ネットとは離れますが、サービス窓口のようなところを訪ねて、その会社の中で働く人と直接接してみたり、お試しで商品やサービスを体験してみたりすることも、決して無駄にはなりません。社員が自分の会社をどう思っているかなどが聞ければ、ものすごく貴重な情報になります。あるいは、周囲にその会社の製品やサービスを知っている人がいれば、その人の感想を聞いてみるという方法だってあります。

自分から積極的に動けば、それだけ会社の情報は手に入るのです。

IRページがお粗末な企業はそれだけでアウト！

ともかく、投資家の目線で企業情報を知ろうとするなら、何よりもまず、その企業のHPを確認すべきです。最初にチェックしなければならないのは、IR（Investor Relations）のページです。IRっていつも何気なく使っている言葉ですが、日本語で「投資家向け情報提供」と訳されるくらいですから、ここは重要です。開示された情報から、直近の業績や財務データなどをチェックすることになります。

ただ、なかには「IR情報を更新しました」と1行で済ませ、クリックすると記者発表した決算短信のPDFが現れるだけなんていう企業もあって、本当にガッカリします。今や上場企業の詳細情報は、証券口座からも見ることはできますが、投資家を大事にすべき上場企業がＩＲページを粗末に扱っているというのはやはり問題です。

これはＩＲ以外のページについても言えることです。ＨＰの記載がわかりづらいとか、投資家や顧客、社会にどんな価値を提供したいのかわからないようなＨＰは、それだけで大きなマイナスポイントといってよいのではないかと思います。

ＩＲの次は、事業内容を中心に企業理念、社会貢献活動など、その企業のことを様々な角度から詳しく見ていきます。ここはいろいろな見方がありますから、まずはあなた自身のチェックポイントを決めておくとよいでしょう。例えば、自分の好きな製品・サービスはあるか、プラスティックゴミの削減対策に取り組んでいるか、女性の役員はいるか等々、日頃関心を持っている視点から見ていくだけでも、その企業に共感できるか、応援したくなるか、いくつもの投資判断の材料が得られると思います。

私の場合はＩＲページに加えて、採用情報のページをよくチェックします。もちろん、そこにはちゃんとした投資家目線での理由があります。採用数が多ければ、事業が順調に伸びている証拠になりますし、そこに掲載されている先輩社員の表情を見たり、話を読んだりするだけで、その会社の空気感がなんとなくではあっても伝わってくるものです。

さらに最近は、動画を使っていろいろなメッセージを発信している企業も増えています。動画は視覚や聴覚に訴える部分が大きいだけに本質を隠してしまうこともできるという欠点はありますが、少なくとも、文章からではわからない、社長の雰囲気や意気込み、自信や不安といったことや、そこで働く人たちの表情などがリアルに伝わってきます。

ここでひとつ注意しておきたいのは、前にも述べましたが、こうして様々な情報を集めても、その会社の内容がよく理解できないような場合は、その銘柄への投資はやめるべきだということです。わからないものに投資するのは一番のリスク要因だからです。小麦粉アレルギーの人がパンを食べないのは、材料に小麦粉が入っていることをわかっているからですよね。それを知らずにパンを食べたら一大事。知らないこと・わからないことが最大のリスクなのです。

その38 まとめ

HPやネットで企業の〝人となり〟をチェックすることから始めよう。

その39

株式投資分析の基本その2

定性分析の要所はオーナー社長の「覚悟」

どんな人がどのようなメッセージを発信しているか

スクリーニングで候補銘柄を絞ったら、いよいよ本格的な企業分析に入ります。株式投資分析には、数字で計れる「定量分析」と数字では捉えきれない「定性分析」があることは既に述べました。定量分析は次項で説明しますが、主に財務三表と呼ばれる企業の決算データで行います。ここでは、まず定性分析について説明します。

定性分析は数字で計れない分、定量分析に比べて実はとても難しく、専門家によってもアプローチの仕方は様々です。そして、どれが正しくて、どれが正しくないと判断することもほぼ不可能です。

ですから、ここでは誰にでもできる株式投資の定性分析の最重要ポイントとして、スクリーニングの条件のひとつである「オーナー社長の分析方法」について説明しましょう。

具体的に言うと、そのオーナー社長がどのような人物か、どのような志や理念を持ち、どんな経緯で起業し、どんな考え方で会社を経営しているか、これから先どこを目指しているのか――といった点を探り、理解していくのです。企業のホームページ（ＨＰ）には多くの場合、「社長のご挨拶」とか「トップメッセージ」といったページがあり、顔写真付きで社長の言葉が載っています。まずはこれを見てみましょう。

まれに会社概要のところにある役員一覧に代表取締役社長の名前が出ているだけというＨＰもありますが、これはいかがなものでしょうか。上場企業の社長たる者の大事な役目のひとつは、多くの投資家に自社を知ってもらうことであるはず。わけても、創業間もない新興企業の社長ならば、投資家に納得してもらい、株主になってもらわなければ、今後の成長は見込めません。

同じ意味で、社長の顔写真が出ていることも重要だと私は思っています。「人の第一印象の8割は見た目で決まる」と言われます。たとえそれがお決まりのオフィシャルポートレートであったとしても、「面構え」を見れば、会社を大きくするんだという覚悟や情熱は現れるものです。企業ＨＰでは社内報の記事や動画ニュースなども閲覧できる場合も多いので、社長さんの自然な笑顔や普段の話し方、社員と接する時の立ち振る舞いなどもよく観察するといいでしょう。前項でも取り上げましたが、動画があればこうした面をよりリアルに確認することができます。

社長の「覚悟」を見る

なお、社長を見る時のポイントとして私がお勧めしたいのは、「社長の覚悟」です。覚悟と言うと大仰に聞こえるかもしれませんが、要するに、社長がその会社をどれくらい大きくしたいという意欲をもっているかです。

時価総額で1兆円を目指すという社長もいる一方で、時価総額は数百億円でいいというような、会社をそんなに大きくしたいとは思っていない社長も少なくありません。時価総額200億円にもなれば、それでいちおうお金も名誉も手にできますから、そこで満足してしまう人も結構いるのです。

そもそも1つのビジネスだけでは、どんなに頑張っても200億円くらいまでにしかなりません。それを超えようと思えば、あの手この手を繰り出す必要があるので、社長にそれだけの意欲があるか、ということです。「会社を大きくする」と外に向かって堂々と発言できる社長であれば、当然、それだけの覚悟と意欲があるはずです。普通に考えれば、その社長にも家族がいます。個人的な人生もあります。そういうなかで、それだけのことを言って何もしなければ、「嘘つき」呼ばわりされてしまうわけです。

この点、例えば、日本電産の永守重信さんや、次にあげるソフトバンクグループの孫正義さんなどは、ものすごい覚悟をもって経営をされています。

そして、もちろん、リスクを取って新しいことを始めて失敗することもあり得ます。この時、多くの人が株は売りと判断して株価も下がるのですが、その覚悟を信頼できる社長であれば、むしろ買いの絶好のチャンスだったりすることもあります（ここは皆さんの判断次第です）。

ただし、本当の〝ほら吹き〟あるいは〝詐欺師〟もいないとは限りませんから、その社長の過去の発言ややってきたことなどをよく調べて、有言実行の人であるかの「うらをとる」ことは欠かせません。

孫正義さんのプレゼン能力とソフトバンクグループの株価の関係

要するに、その社長の会社への愛情、事業に対する熱い思い、パッションが感じられるかどうか。定性分析は印象だけで決まるわけではありませんが、これはとても大事なチェックポイントです。社長に人間的な魅力がなければ、投資をしようという気にはならないのが人情ですし、そう思った時点で投資はやめるべきでしょう。

今は便利な世の中で、社長の名前を検索すれば、新聞や雑誌のインタビュー記事も、出演したテレビ番組やセミナーでの講演の模様も、簡単に読んだり見たりできます。また、若い世代のベンチャーの社長なら、Twitter や Facebook、Instagram などのソーシャルメディアでも盛んに情報発信しています。企業HP以外のそうした情報も、できるだけこまめにチェックしてほしいと思います。

オーナー経営者の情報発信力がいかに大事かを示す代表例は、ソフトバンクグループの孫正義さんでしょう。孫さんのプレゼン能力の高さには定評があります。ほとんど信者に近い熱烈なファンも多く、どんなに悪いニュースが流れても、孫さんが直接プレゼンした後は必ずと言ってよいほどソフトバンクグループの株価は上がる、または下げても底堅い、という神話があるほどです。真偽のほどは定かではありませんが……。

もちろん、オーナー社長にはいいことばかりあるわけではありません。オーナー経営の企業の成長はひとえに社長の力量にかかっています。オーナー企業の最大の強みはトップダウンによる意思決定の速さですが、一歩間違えると、それは社長の独善や暴走につながりかねません。ワンマン経営の弊害と言われるものです。その意味でも、社長の人となりを多角的に調べ、見極めることはとても重要です。

定性分析の基本は、このようにいろいろな情報チャネルをフル活用して、人よりも多くの情報を、自らの手で入手すること。その努力が、あなたの投資の成功につながるのです。

その39 まとめ

会社は、社長の想いや覚悟以上には大きくならない！

その40

株式投資分析の基本その3

財務三表は定量分析の必須アイテム

基本は3つの決算書

定性分析の次は、いよいよ定量分析です。ここでは、企業の財務情報を見ていくことになります。株式に投資する人、投資しようと考えている人なら、企業の財務情報は最低限、確認できるようにしたいものです。

財務情報を表したものを「決算書」と言います。決算書の中で特に重要なのは、①貸借対照表（B/S）、②損益計算書（P/L）、③キャッシュフロー計算書（C/F）――です。これらを「財務三表」と呼びますが、上場企業は3つとも「有価証券報告書」として必ず開示することが義務付けられています。

財務三表は、企業の経営状態やこれからの成長を計る一番重要なモノサシです。ここに書かれた数字の意味がわからないと、何も読み取れません。そこで、それぞれについて概略を説明しましょう。

貸借対照表（B/S）＝資産と負債がわかる「会社の健康診断シート」

まず、B/Sです。これは期末時点での企業の財務状態を一目でわかるようにまとめたもので、どれくらい資産があって、借金はどれくらいかといったことが項目別に記載されています。いわば数字による企業の健康診断シートです。

図表1にひな型を示しましたが、左側を「借方」、右側を「貸方」といい（呼び方まで覚える必要はありません。左側、右側でも十分です）、借方には「資産の部」として、企業が持っている総資産が流動資産（現金・預金など）、固定資産（土地・建物、機械設備など）別に記載されます。一方の貸方は、上段の「負債の部」と下段の「純資産の部」に分けて数字が記載されます。負債の部には銀行からの借り入れや社債発行で集めたお金の金額が記載され、純資産の部には資本金や利益剰余金などが記載されます。ひと言で言うと、負債は返さなければならないお金、純資産は返さなくていいお金です。

図表1　貸借対照表
（令和__年__月__日　現在）

（単位：円）

科目	金額	科目	金額
（資産の部）		（負債の部）	
流動資産	**XXX**	**流動負債**	**XXX**
現金及び預金	XXX	買掛金	XXX
受取手形	XXX	短期借入金	XXX
売掛金	XXX	未払金	XXX
商品	XXX	未払費用	XXX
部品	XXX	未払法人税等	XXX
前払費用	XXX	預り金	XXX
繰延税金資産	XXX	賞与引当金	XXX
期貸付金	XXX	製品保証引当金	XXX
未収入金	XXX	その他	XXX
その他	XXX		
貸倒引当金	XXX	**固定負債**	**XXX**
		退職給付引当金	XXX
固定資産	**XXX**	繰延税金負債	XXX
有形固定資産	**XXX**	その他	XXX
建物	XXX		
構築物	XXX		
機械及び装置	XXX	負債合計	XXX
車両及び運搬具	XXX		
工具、器具及び備品	XXX		
土地	XXX	**（純資産の部）**	
建設仮勘定	XXX	**株主資本**	**XXX**
		資本金	**XXX**
無形固定資産	**XXX**	**資本剰余金**	**XXX**
施設利用権	XXX	資本準備金	XXX
ソフトウェア	XXX	その他資本剰余金	XXX
その他	XXX		
		利益剰余金	**XXX**
投資その他の資産	**XXX**	その他利益剰余金	XXX
投資有価証券	XXX	繰越利益剰余金	XXX
関係会社株式	XXX		
関係会社出資金	XXX	**自己株式**	**XXX**
長期貸付金	XXX		
長期前払費用	XXX	**評価・換算差額等**	**XXX**
その他	XXX	**その他有価証券評価差額金**	**XXX**
貸倒引当金	XXX		
		純資産合計	XXX
資産合計	**XXX**	**負債・純資産合計**	**XXX**

B／Sで必ず見てほしいチェックポイントのひとつは、負債の部に記載された負債額です。負債といっても、大半は事業活動のために使う目的で借りたり、集めたりしたお金ですから、単純に負債額が多いから悪いというわけではありませんが、極端に負債額が多いような場合は注意信号が点灯していると思っていいでしょう。

なお、B／Sの本来の意味合いは、残高明細の一覧表という意味があります。とはいえ、B／Sの貸方と借方は1円の狂いもなく、同じ金額でぴったり一致しているのが特徴であることも覚えておきましょう。

損益計算書（P／L）＝収益と費用がわかる「会社の家計簿」

次にP／Lです。英語で「Profit and Loss statement」と呼ぶので、P／Lと表記されます。その字の通り、1事業年度中の収益と費用を表したものです。1年間でどれくらいの売り上げがあり、そのためにどれくらいの費用がかかり、最終的にどのくらいの利益が出たかがわかります。つまり、皆さんが家で付けている家計簿の会社版だと考えればいいでしょう。

図表2のように、P／Lには〝5つの利益〟が順番に記載されます。すなわち、「売上総利

図表2　損益計算書
（自 令和＿年＿月＿日　至 令和＿年＿月＿日）

（単位：円）

科目	金額	
売上高		XXX
売上原価		XXX
売上総利益		XXX
販売費及び一般管理費		XXX
営業利益		XXX
営業外収益		
受取利息	XXX	
受取配当金	XXX	
為替差益	XXX	
その他	XXX	XXX
営業外費用		
支払利息	XXX	
たな卸資産評価損	XXX	
為替差損	XXX	
その他	XXX	XXX
経常利益		XXX
特別利益		
固定資産売却益	XXX	
前期損益修正益	XXX	
賞与引当金戻入額	XXX	
製品保証引当金戻入額	XXX	
その他	XXX	XXX
特別損失		
前期損益修正損	XXX	
固定資産除売却損	XXX	
貸倒引当金繰入額	XXX	
その他	XXX	XXX
税引前当期純利益		XXX
法人税、住民税及び事業税	XXX	
法人税等調整額	XXX	XXX
当期純利益		XXX

益」「営業利益」「経常利益」「税引（き）前当期純利益」「当期純利益」です。この順番通りに利益状況を追っていけば、その企業の経営状況がつまびらかに理解できるようになっています。ごくごく簡単に説明しましょう。

売上総利益は1年間の売上額から原価を差し引いた、いわゆる粗利《あらり》のことです。営業利益は本業で稼いだ利益のことで、売上総利益から販売管理費などを差し引いた金額になります。経常利益は、営業利益に配当収入など本業以外で稼いだ営業外利益を加えたものです。税引き前当期純利益は、経常利益に一時的な利益（何かの資産を売却した等）などを加えた1年間の総利益額を表します。そこから税金を差し引いて、最後に企業の手元に残った金額が当期純利益（最終利益）です。

これがわかれば、どこでどのくらい稼いでいるか、どこでどのような費用が発生しているかが一目瞭然です。例えば、売り上げは上がっているのに、最終利益は赤字という場合は、費用にどこか余計なお金を使っているのではないか、お金の管理が甘いのではないかなど、経営上の問題点が見えてきます。

その一方で、今後の成長のための先行投資で費用がかさんでいるものの、将来の売り上げの伸びが確実に見込まれるような〝質のいい赤字〟の場合もあり得ます。こうしたことから、P／Lは「会社の成績表」とか「社長の通信簿」などとも言われるのです。

キャッシュフロー計算書（C／F）＝お金の流れと手持ちの現金を見える化

最後に、C／Fです。キャッシュフロー計算書をC／Sと記載する場合もありますが、明確な決まりはないので、ここではC／Fとし、ただのキャッシュフローをCFとします。「キャッシュフロー（Cash Flow）」とはお金の流れのことで、企業がどのようにお金を使い、最終的に手元の現金をどれくらい増やしたか、あるいは減らしたかを示します。図表3のように、キャッシュフローには、①営業（活動による）キャッシュフロー（営業CF）、②投資（活動による）キャッシュフロー（投資CF）、③財務（活動による）キャッシュフロー（財務CF）——の3つがあります。それぞれの意味合いをしっかりと理解しておくことがとても大事です。

営業CFの表示の仕方には、直接法と間接法があります。直接法とは、営業活動によるキャッシュの収入や支出などの流れを項目別に集計し総額でとらえた表示方法です。間接法は損益計算書の数値からキャッシュの増減を調整する形で表示する方法です。直接法の方が現金収入や現金支出を項目別に把握しやすいのですが、主要な取引ごとにデータを準備しなくてはならないため、公表する会社としては間接法に比べて手間がかかるという側面があります。また、当然ですが、どちらも最終的な金額は同じになります。

営業CFは、通常の事業活動で稼ぎ出したお金を表すものなので、基本的にはプラスになるのが理想です。ただし、上場間もない新興ベンチャーなどの場合は、本格的に売り上げが立つのがこれからなので、営業CFがマイナスになることが多々あります。こうした場合は、過去3～5年分くらいの営業CFをさかのぼって調べ、マイナス幅の推移を確認してください。マイナス幅が小さくなっていれば、遠からずプラスに転じる可能性があると期待することもできるでしょう。

投資CFは、その企業が投資を行っているかどうかがわかります。急成長を目指すベンチャー企業や積極的な大型投資を続けている大企業などでは、投資CFがマイナスになる場合が結構多くあります。反対にプラスになるのは、お金が入ってくることを意味しますから、例えば、閉鎖した工場跡地を売却したり、保有していた他社の株式を譲渡したりして、資産を現金化した場合が該当します。

財務CFは、銀行からの借入金や社債発行で現金が入ってくればプラス、返済・償還した場合はマイナスになります。ここを見ると、借りたお金をどのくらい返済したか、現金が不足している時にどうやって株主への配当金の原資を調達したかといったことが確認できます。

C／Fを見れば、その企業の直近の資金繰りや現金の出入りの状況が手に取るように明らか

図表3-1　CF計算書（直接法）

I　営業活動によるキャッシュ・フロー	
営業収入	XXX（直接法）
原材料又は商品の仕入支出	−XXX
人件費支出	−XXX
その他の営業支出	−XXX
小計	XXX
利息及び配当金の受取額	XXX
利息の支払額	−XXX
損害賠償金の支払額	−XXX
法人税等の支払額	−XXX
営業活動によるキャッシュ・フロー	XXX
II　投資活動によるキャッシュ・フロー	
有価証券の取得による支出	−XXX
有価証券の売却による収入	XXX
有形固定資産の取得による支出	−XXX
有形固定資産の売却による収入	XXX
投資有価証券の取得による支出	−XXX
投資有価証券の売却による収入	XXX
貸付けによる支出	−XXX
貸付金の回収による収入	XXX
投資活動によるキャッシュ・フロー	XXX
III　財務活動によるキャッシュ・フロー	
短期借入れによる収入	XXX
短期借入金の返済による支出	−XXX
長期借入れによる収入	XXX
長期借入金の返済による支出	−XXX
社債の発行による収入	XXX
社債の償還による支出	−XXX
株式の発行による収入	XXX
自己株式の取得による支出	−XXX
親会社による配当金の支払額	−XXX
財務活動によるキャッシュ・フロー	XXX
IV　現金及び現金同等物の増加額	XXX
V　現金及び現金同等物期首残高	XXX
VI　現金及び現金同等物期末残高	XXX

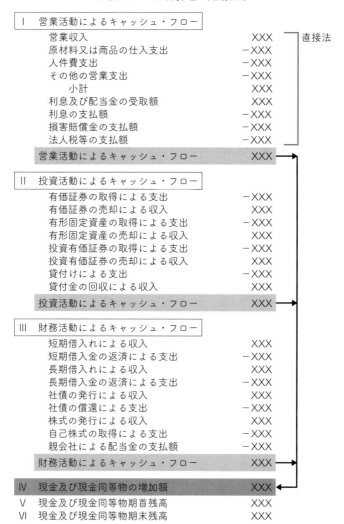

図表3-2 CF計算書（間接法）

Ⅰ 営業活動によるキャッシュ・フロー			
	税金等調整前当期純利益	XXX	間接法
	減価償却費	XXX	
	貸倒引当金の増加額	XXX	
	受取利息及び受取配当金	−XXX	
	支払利息	XXX	
	有形固定資産売却益	−XXX	
	売上債権の増加額	−XXX	
	たな卸資産の減少額	XXX	
	仕入債務の減少額	−XXX	
	小計	XXX	
	利息及び配当金の受取額	XXX	
	利息の支払額	−XXX	
	法人税等の支払額	−XXX	
営業活動によるキャッシュ・フロー		XXX	→ Ⅳ
Ⅱ 投資活動によるキャッシュ・フロー			
	有価証券の取得による支出	−XXX	
	有価証券の売却による収入	XXX	
	有形固定資産の取得による支出	−XXX	
	有形固定資産の売却による収入	XXX	
	投資有価証券の取得による支出	−XXX	
	投資有価証券の売却による収入	XXX	
	貸付けによる支出	−XXX	
	貸付金の回収による収入	XXX	
投資活動によるキャッシュ・フロー		XXX	→ Ⅳ
Ⅲ 財務活動によるキャッシュ・フロー			
	短期借入れによる収入	XXX	
	短期借入金の返済による支出	−XXX	
	長期借入れによる収入	XXX	
	長期借入金の返済による支出	−XXX	
	社債の発行による収入	XXX	
	社債の償還による支出	−XXX	
	株式の発行による収入	XXX	
	自己株式の取得による支出	−XXX	
	親会社による配当金の支払額	−XXX	
財務活動によるキャッシュ・フロー		XXX	→ Ⅳ
Ⅳ 現金及び現金同等物の増加額		XXX	
Ⅴ 現金及び現金同等物期首残高		XXX	
Ⅵ 現金及び現金同等物期末残高		XXX	

になります。読者の中には「黒字倒産」という言葉を聞いたことがある人も多いと思います。これはP／L上は利益が出ているのに、手元に現金がない、あるいは足りなくて倒産してしまうケースを言います。例えば、売掛金が回収できないなど、何らかの理由でキャッシュフロー（の入り）が滞って、資金繰りに行き詰まった場合に起こります。儲かっているように見えて、実際には使えるお金がないこともあり得るのです。

このように、企業経営はどんなに大きな会社でもキャッシュがなければ回りません。近年の財務分析ではC／Fを重視する傾向にありますので、「B／SとP／Lだけ眺めておけばOK」などという古い情報に惑わされることなく、皆さんもしっかりと勉強していただきたいと思います。

決算書は最低限の知識

財務三表の読み解きは、投資初心者には何やら小難しく感じられるかもしれません。しかし、企業の現状を定量的に確認するためには欠かせない、最も大事な分析ツールです。最初のうちは、上述したようなそれぞれの意味合いがわかれば十分です。意味を知っているのと知らないのとでは大違い。慣れてくれば、段々とチェックポイントの勘どころがわかってきます。

ですから、まずは財務三表を見る癖をつけることです。

そして、決算書の情報はあくまでもその会社の状態が良いのか悪いのかを知るための最低限の知識であることを改めて肝に銘じましょう。どうしてもラクをしたいので、「テクニカルの指標を理解すればいいんですよね」とか、「決算書が読めればいいのでしょう」という安易な思考に陥りがちです。しかし、それだけでうまくいくのであれば、皆さん億万長者になっているはずです。投資で成功する人は、これらの知識は当たり前のものとして、さらにそこから先の勉強をし、オリジナルの手法を見つけ出しているのです。

その40 まとめ

財務三表から「健康状態」「収益状況」「お金の流れ」がわかる。

その41 ふるいにかけてみた！

株式投資分析の実践例

「教えの38〜40」で投資する候補銘柄のスクリーニングの仕方と2つの株式投資分析、つまり定性分析と定量分析の基本についてご説明してきました。まとめとして、実在する上場企業を「例題」にして、実践的におさらいをしたいと思います。ここでは、東証マザーズ銘柄の株式会社リグア（銘柄コード：７０９０）という新興企業を取り上げることにします。

重ねてお断りしておきますが、本書は個別銘柄を推奨するような趣旨の本ではありません。したがって、この会社を取り上げたからといって、同社株が上がると言っているわけでも、下がると言っているわけでもありません。この株を買いなさいと言っているわけでも、買うなと言っているわけでもありません。あえて取り上げた理由を言えば、「私が株式投資分析の手順を説明しやすい銘柄だから」というだけのことです。また、あくまで長期の投資という視点からの分析例です。この点を読者ならびにリグアの関係者の皆様にはご理解、ご了解いただきたいと思います。

まずはスクリーニング条件を当てはめる

それでは、トレーニングを始めましょう。最初に、ごく簡単にリグアの会社概要を同社のホームページ（ＨＰ）の情報などに基づいて紹介します。

同社は接骨院ソリューション事業と関連する金融サービス事業を柱とする、いわゆるソリューション型のサービス企業です。創業は２００４年で、東証マザーズへの上場は２０２０年３月13日。２０２０年３月期の売上高は21億７０００万円（前年比19・８％増）、当期純利益は１億４０００万円（同３００・99％増）となっています。２０２１年４月27日時点の株価は３３２５円、時価総額は46億２５００万円とまだ小さい会社です。代表取締役社長の川瀬紀彦氏は創業者で、株式保有率は38・66％。つまり、オーナー社長ということになります。

以上から、まずはスクリーニングの条件は満たしていると判断できるでしょう。ここまでを少し補足すると、社長の持ち株比率については最低でも25％程度、できれば30％以上はほしいところですが、創業仲間である役員陣や共同経営者の持ち株と合わせて30％を超えていれば、条件クリアと見てよいかと思います。

また、最初に企業概要を調べる時には、バックグラウンドとして、監査法人やメインバンクがどこかも確認しておくといいでしょう。どの監査法人に決算監査を依頼し、どの銀行と付き合っているかは、その会社の信用力を見る材料になるからです。

社長が何を語っているか、情報サイトやSNSも丹念にチェックする

さてここからはあなた自身の投資分析に入ります。まずはHPを見てみましょう。先に説明したとおり、HPにはその企業の特徴がにじみ出ます。わかりやすいか、顧客や投資家本位で作られているかは、あなたの感性や好みにもよりますが、大事なチェックポイントです。

定性分析の第一歩は、社長のコメントの確認です。そこで、まず「社長メッセージ」を読んでみます。リグアの場合は、川瀬社長の問題意識や起業動機、経営理念、経営方針や企業ミッション、そして目指しているゴール（目標）などがひと通り語られています。プロフィールと合わせて、ポートレート写真もちゃんと掲載されていますよね。

次は名前で検索して他のサイトの情報を見てみましょう。すると、かなりたくさんのメディ

アに取り上げられていることがわかります。社長自身もTwitterで発信しているようです。そうした記事や情報からは、公式HPに載っていない本音や、創業時の苦労話などが生々しく語られていることも多いので、なるべく丹念に調べてほしいと思います。

続いて、事業内容を見ていきます。将来性のある事業かどうか、あるいはあなたがその事業を理解できるかといった点を確認するためです。「接骨院ソリューション事業」と言われても、何のことかよくわかりませんが、説明を読むと、接骨院向けのコンサルティングと課題解決ツールの提供を行っているといいます。高齢化の進展で健康への関心が高まっていることを背景に、ヘルスケア分野でBtoB型のサービス事業を展開していることがわかります。同社HPによると、国内には5万以上の接骨院があるといい、リグアはその5%程度を既に顧客にしているそうです。今後もさらにシェアを伸ばせるのか、あるいは競合が現れて激しい顧客獲得競争が始まるのか、将来性の見方はいろいろでしょう。どう判断するかは、ひとえにあなたの分析力にかかっています。

次に、定量分析です。財務三表を見る前に、基本中の基本、売上高と純利益の推移はしっかり確認しましょう。ここで、これまで触れなかったチェックポイントをひとつ追加でご紹介しておきます。それは、売上高と時価総額の比較です。現在の売上高に対して時価総額が極端に大きい場合、既に市場の期待値がかなり高まっていることを意味します。ですので、できれば売上高が時価総額の1～5倍程度であることが望ましいでしょう。

いよいよ財務三表です。リグアの2020年3月期の決算報告書に掲載された財務三表を見ると、特徴的なこととして、①B／Sからは、現金等が増え、総資産が増加している。純資産の伸びが大きく、前年比で負債比率も減っている、②P／Lからは、当期純利益の増加が著しい、③C／Fからは、本業で利益が出るようになり、積極投資を行い、借り入れによりレバレッジを効かせている——などを挙げることができるでしょう。

本来ならばもう少し詳しく説明したいところですが、それをやってしまうと、推奨もしくはダメ出しと受け取られかねませんので、後はあなた自身がこれまでの勉強を踏まえて、あなたなりの独自分析に挑戦していただきたいと思います。

新興企業などの小型株は、思惑で乱高下することも多い

最後に、新興企業への株式投資で注意すべき点を1点、指摘しておきます。

株価は投資家の期待値で決まるものですが、新興企業の場合はとくに大きく乱高下することがあります。発行株式数が比較的少ないこともあって、投資家の期待が過熱し過ぎたり、反対

に冷え込んだりすると、どうしてもブレ幅が大きくなる傾向があるのです。また、新興企業に限らず小型株の場合、投機筋によっていわゆる仕手戦が仕掛けられることもあります。成長株として期待できる半面、一定のリスクが付きまとうことは絶対に忘れないでください。

株式投資分析はおおよそ以上のような手順で、銘柄ごとに、そして少なくとも四半期ごとに、繰り返す必要があります。最初のうちはキツイかもしれませんが、ここで手を抜くと資産を増やすことなど夢のまた夢です。前にも書きましたし、この後でも念押ししますが、投資は労働と一緒、汗をかいた分だけ報われるのです。まずは「癖」をつけて、数字とにらめっこする地道な作業に一生懸命に汗をかいてください！

その41 まとめ

株式投資分析は繰り返すことで〝勘どころ〟が見えてくる！

その42 資産を増やすための家計簿の付け方とライフプランシートの活用法

お金の動きの見える化は欠かせない

そもそも論になりますが、企業はなぜ決算書を作るのでしょうか？

それは、成長するためです。企業は事業活動を行うに当たり、経営計画を立て、収支バランスを考えながら戦略を打ち、改善を加えて、事業投資を行い、また改善をして……というPDCAサイクルを回しながら、成長していきます。成長の結果は、時価総額に反映されます。

そのため、企業は普段からお金の出入りを把握し、それをきちんと帳簿に付けて管理し、無駄を省き、積極的に事業投資に活用していきます。これは企業が成長していくためには必要不可欠な作業であり、これをおろそかにする企業に成長はありません。

中小零細企業の中には、いい加減なお金の管理をしているくせに、そのことは棚に上げて「景気が悪くて儲からない」とボヤいている社長さんがいます。が、儲からないのは景気のせいばかりとは思えません。ボヤく前に、やることがあるはず。会社の経理を見直せば、儲からない真の原因が見えてきますし、場合によっては出なかった儲けが出るようになるかもしれません。

実は、家計、つまり個人のお金の管理でも、同じことが言えるのです。日々のお金の出入りを理解することはとても大切です。収入よりも支出が多ければ、それは赤字ということです。企業会計であれば、それは損益計算書（Ｐ／Ｌ）に正確に記載されます。このように、企業は財務三表によって、様々な角度からお金の動きを「見える化」しているのです。

はじめの一歩は家計簿、特に家計のB／S

そこで、読者の皆さんには「個人の財務三表」を作成することを強くお勧めします。これは、あなたが投資を始める前にやるべき大前提の作業と言えます。

……ですが、その前にやらなければならないことがあります。それは家計簿を付けること。

まずはあなたのお金の状況を家計簿で見える化し、そして、それを年ごとにまとめてライフプランシートに落とし込んでいくのです。

「家計簿を付けるなんて面倒くさい」と思う人、何度も申し上げましたよね。汗をかいた分だけ、その苦労は成果として自分に跳ね返ってくるのです！　家計簿はパーソナルファイナンスのはじめの一歩、とても大事です。慣れればそれほど大した作業ではありません。1日5～10分もあれば済みます。まずは家計簿を付ける癖を付けましょう。最近はいろいろな家計簿アプリも登場していて、スマホでも簡単に付けられますので、いろいろと試してみるといいと思います。

ここでまず一番大事なことをお伝えします。それは、家計簿と言っても、何よりも意識すべきはバランスシート（B／S）であるということです。

以下、家計簿を付けることから始める「ライフイベント表」についてご説明していきますが、皆さんは家計簿というと、生活のための資金を見るイメージから、どうしても収支、つまり赤字か黒字かを気にしがちです。しかし、資産運用において大事なのは、（月末などの時点の）バランスシートなのです。気にすべきは収支ではなく、資産を増やすということ。これが投資家としての家計簿の大前提になることを忘れないでください。

「ライフイベント表」で将来の人生行事と予想支出をチェック

さて、企業の財務を「コーポレートファイナンス」と言いますが、個人のそれは「パーソナルファイナンス」と呼びます。自分や家族の置かれているお金の現状を正しく理解すれば、将来を見据えて、改善を加えていくことができます。パーソナルファイナンスにおける財務三表を、ファイナンシャルプランナーは「ライフプランシート」と呼んでいます。自分の夢や目標に近づくいわば設計図に当たるもので、個人の資産設計書と考えてもいいでしょう。

私も会員になっている特定非営利活動法人日本ファイナンシャルプランナーズ協会（日本FP協会）では、誰でも自由に使えるライフプランシートを無料で提供しています。PDF版とエクセル版があり、同協会HPの「便利家計チェック」ページからダウンロードできます。エクセル版なら、PCで数字を入力すればそのまま保存・管理できるので大変便利です。そこで、これを使ってライフプランシートの作り方・使い方をご説明していきましょう。

1つめのライフプランシートは、図表1の「収支確認表」です。いわば、あなたのご家庭のP/Lです。収支確認表を作成する意味は、家計の収支バランスを把握することです。そして、そこからわかることは、あなたの「貯蓄力」です。年間収支を見れば、赤字か黒字か、そ

図表1　家計の収支確認表（見本）

〈 家計の収支確認表（見本）〉

● 年間の収入

	収入金額		所得税		社会保険料		住民税※		年間の手取り収入（可処分所得）
夫	万円	−（	万円	＋	万円	＋	万円	）＝	万円
妻	万円	−（	万円	＋	万円	＋	万円	）＝	万円

※納税通知書か、給与明細の住民税額×12で計算　年間収入合計 Ⓐ　万円

● 年間の支出

支出項目	内容	毎月の支出 ❶	年に数回の支出 ❷	年間の支出 ❶×12＋❷
基本生活費	食費、水道光熱費、通信費、日用雑貨費、教養娯楽費など	万円	万円	万円
住居関連費	住宅ローン、管理費、積立金、固定資産税など	万円	万円	万円
車両費	駐車場代、ガソリン代、自動車税など	万円	万円	万円
教育費	学校教育費、塾代、習い事の費用など	万円	万円	万円
保険料	家族全員の保険料	万円	万円	万円
その他の支出	レジャー費、交際費、冠婚葬祭費など	万円	万円	万円

年間支出合計 Ⓑ　万円

1年間に貯蓄できる金 Ⓐ−Ⓑ　万円

ワンポイント

手取り収入（可処分所得）の確認の仕方

会社員であれば、給料やボーナス、自営業の場合であれば、事業収入などが、収入となります。この中でみなさんが実際に使えるお金は、手取り収入と言われる部分です。
この手取り収入が「可処分所得」です。

会社員の場合

←　給与収入　→

社会保険料	所得税・住民税	手取り収入（可処分所得）

※収入、所得税、社会保険料は、勤務先から受け取る「源泉徴収票」、住民税は毎月の給与明細や「納税通知書」で確認。

自営業の場合

←　事業収入　→

社会保険料	所得税・住民税	必要経費	手取り収入（可処分所得）

※それぞれの金額は確定申告書や納税通知書などを確認。

（出所）日本FP協会

図表2　家計のバランスシート（見本）

〈 家計のバランスシート（見本）〉

資産	
現金	万円
普通預金など	万円
定期性預金	万円
貯蓄型の保険	万円
株式	万円
債券	万円
投資信託	万円
その他の投資商品	万円
住宅（現在の市場価格）	万円
その他	万円
資産合計 A	万円

負債	
住宅ローン	万円
自動車ローン	万円
カードローン	万円
奨学金	万円
その他	万円
負債合計 B	万円

資産合計 A － 負債合計 B ＝純資産　万円

ワンポイント

資産・負債としてカウントするもの

資産というと、現金や預貯金、株式など有価証券を想像するかもしれませんが、家族の資産はそれだけではありません。また奨学金返済など隠れた負債も忘れないようにしましょう。
資産と負債の差が本当の意味での資産といえる「純資産」となります。毎年の収支では健全な家計にみえても純資産がマイナスになった場合は、金利の高い負債から減らすなど対策を検討しましょう。

（出所）日本FP協会

図表3　ライフイベント表（例）

将来のイベントと費用を考える ライフイベント表

現在の家計状況が把握できたら、将来のことも考えてみましょう。「ライフイベント表」に自分や家族の今後10年、20年の予定を書き込んで、将来のイメージを具体化していきましょう。

ライフイベント表ダウンロード

PDF版 (75.9KB)　Excel版 (51KB)

〈 ライフイベント表（記入例）〉

年	家族の年齢					ライフイベント	かかるお金
	夫	妻	長男	次男	長女		
2014	35	32	5	3	0	長男、次男七五三	15万円
2015	36	33	6	4	1	次男幼稚園入園	入園費5万円
2016	37	34	7	5	2	長男小学校入学、次男七五三	入学費用8万円、七五三5万円

ワンポイント

家族全員の夢や目標を洗い出そう

いま分かっている範囲での、予定や目標を記入しましょう。いつごろ、どのくらいの費用がかかりそうか、おおまかな目安でかまいません。目に見える形にしていくことで、将来のイメージが具体化していくことが重要なのです。

（出所）日本FP協会

図表4　家計のキャッシュフロー表（見本）

〈 キャッシュフロー表の書き方（見本）〉

ここに現在の年齢を記入

（単位：万円）

年	年	年	年	年	年	年	年	年
経過年数	現在	1年後	2年後	3年後	4年後	5年後	6年後	7年後
夫の年齢	38	39	40	41	42	43	44	45
妻の年齢	35	36	37	38	39	40	41	42
子どもの年齢	5	6	7	8	9	10	11	12
子どもの年齢	3	4	5	6	7	8	9	10
子どもの年齢								
ライフイベント			長男小学校入学		次男小学校入学	車の買い替え 妻パート減らす		夫昇進
夫の収入	550	550	550	550	550	550	550	610
妻の収入	110	110	110	110	110	90	90	90
一時的な収入								
収入合計 Ⓐ	660	660	660	660	660	640	640	700
基本生活費	200	200	200	200	200	200	200	200
住居関連費	175	175	175	175	175	175	175	175
車両費	34	34	34	34	34	34	34	34
教育費	54	54	54	54	54	54	54	54
保険料	40	40	40	40	40	40	40	40
その他の支出	35	35	35	35	35	35	35	35
一時的な支出						150		
支出合計 Ⓑ	538	538	538	538	538	688	538	538
年間収支 Ⓐ－Ⓑ	122	122	122	122	122	-48	102	162
貯蓄残高	122	244	366	488	610	562	664	826

家族のイベントを記入

「今年の貯蓄残高＝前年の貯蓄残高＋今年の年間収支」で計算

イベントにかかる費用はここに記入

ワンポイント

20年～30年分を目安に作成

家計の収支表とライフイベント表から数字を転記し、子どもの教育費がかからなくなるまでや、リタイアするまでなど、20年～30年分を目安に作成します。
なお、夢や目標は、時間と共に形を変えていくものです。ライフプランはあくまで計画ですから、その時々に合わせて柔軟に見直しをしていくものです。

（出所）日本FP協会

の多寡までがひと目で理解できるようになります。

2つめが、図表2の「家計のバランスシート」です。まさに企業のB/Sと同じで、資産状況と負債状況を記載します。それによって、家計の「健全度」が理解できます。企業のB/Sと同様に、預金や自宅（持ち家）などの資産から、住宅ローン、自動車ローンなどの負債を差し引けば、あなたの純資産が求められます。これが本当の意味での「今のうちの資産」ということになります。

3つめが、図表3の「ライフイベント表」です。これが企業の財務と少し違うところですが、記入例にあるように、何年後にどんな大きな行事があり、どれくらいお金がかかると見込まれるかをイベント順に記入していきます。いってみれば、企業の長期経営計画のようなものです。出産、子供たちの入・進学や結婚、マイカーやマイホームの購入などなど、まさにあなたの家庭の「未来予想図」ですので、できるだけ具体的に記入してください。

最後が、図表4の「家計のキャッシュフロー表」です。この表の特徴は、20～30年くらい先まで見据えて、毎年の収支予想を記入し、このままの状況で将来の夢や目標がかなうのか、家計は赤字にならないで済むかといったことを把握できるようになります。これを毎年アップデートしていくのです。

まずは家計簿を付け、次にライフプランシートを作って見直し、必要があれば改善を加えていく――。

これによって、あなたの資産運用は見違えるように変わるはずです。これから投資を始める皆さんは、ベンチャー企業の社長さんになった気持ちで、「お金の見える化」に取り組んでください。そして、純資産をどんどん増やしていきましょう！

その42 まとめ

ライフプランシートで「資産の未来予想図」を描こう。

その43
初心者のための投資の心得その1
生涯5億円必要なら1億円をつくればいい

ここまで本書をお読みいただき、有難うございます。最後にまとめとして、これまで触れなかったこと、今一度確認したいことなどを書きたいと思います。私なりの「初心者のための投資の心得」です。心得その1は「お金は使いながら増やすもの」というお話です。

お金を使いながら運用する

ゆったり過ごす休日の昼下がり、若いあなたが「他の人より早くリタイアして、悠々自適の暮らしがしたいなぁ」と淡い夢物語に耽っていた時、あることに気付き、現実に引き戻されます。「そうか、そうするには5億円も必要なんだ！」と。確かに5億円あれば平均寿命くらいまでなら苦労なく生活できそうだけど、人生100年時代などと煽られ、もっと長生きする〝リスク〟もあるよなと、かえって不安になってしまうかもしれません。

では、5億円ないと早期リタイアできないのでしょうか？　多くの人は「そんなの無理だよね」とあっさり諦めてしまうに違いありません。でも、その考えは間違っています。

普通の人は「労働をする→貯蓄をする→消費をする→資産が減る」と考えます。しかし、これはあまり賢い発想ではありません。本来は、この流れの間に「投資をする」という項目を入れるべきだからです。いや、長い人生を考えると、必ず入れる必要があります。すると、上記の流れはどうなるでしょうか。

「労働をする→貯蓄をする→投資をする→貯蓄（資産）が増える→消費をする→貯蓄が増えているから資産の減少は緩やか」というふうに変わります。これが本来あるべき理想的な流れです。

経済的格差の実証的研究と舌鋒鋭い格差社会批判で知られるフランスの経済学者、トマ・ピケティは「r＞g」という法則を見出しました。rはリターン（資本収益率）、gはグロース（経済成長率）です。簡単に言うと、「働いて賃金を増やしていくよりも、投資をしてリターンを得る方が早い」ということを立証したのです。

そうであるならば、投資はした方がいいと考えるのは当然だと思います。貯蓄をしてそのまま使うのではなく、使いながら運用すればいいわけです。その方が、少なくとも資産の目減りは小さくなるはずです。もちろん、最低限の元手資金は必要ですが、ただ単にタンス預金したり、銀行の普通口座に預けたりするだけでは、超低金利の今の時代、お金は増えません。

生涯5億円必要でも、1億円あれば早期リタイアできる理由

では、少し考え方を変えてみましょう。

現在年間600万円の収入がある人が、今と同じ生活のまま40歳でリタイアして100歳まで生きると考えると、年間600万円の所得を今後60年間にわたって受け取ることができればいい計算で、そのためには3億6000万円が必要になります。逆にいえば、3億6000万円があれば、安心してリタイアができます。結局、それがないために働き続けなければなりません。

ところが40歳までに、投資によって1億円をつくり、それをさらに投資によって今度は年6%でまわすことができれば、毎年600万円が生み出されるわけです。

投資がなかったとしたら、生涯で5億円必要だったものが、投資によって1億円をつくり、

それが以降毎年600万円を生み出してくれることで、実際には1億円でリタイアできると考えることができます。これが、若いうちから投資を始めることのメリットのひとつでもあります。もちろん実際に6%でまわすことは簡単ではありませんし、途中で暴落のような事態も起こり得ます。結果、想定より早く資産が底をついてしまうリスクはありますから、実際にはもう少し余裕を見て、例えば1億5000万円で7%の運用を目指すようにするのです。

最近はそういうことを考える人が増えてきたようで、実際に数字を入れてその目安がわかるとして今密かに流行っているものに「逃げ切り計算機」というものがあります。ネットで検索すると出てきますので一度参照されてみるのもいいと思います。こうした傾向は日本だけのものでなく、米国ではFIRE（Financial Independence, Retire Early）という言葉が出てきました。これは、早いうちに引退できるだけの資産をつくってしまうこと、要するに働かなくてもいいだけの財産を形成した状態のことを指します。

つまり、「貯蓄をしたら投資を行う」という行動原理を続けていけば、何も「あらかじめ5億円を貯めてからリタイアする」と考えなくていいことに気づきます。例えば1億円か2億円だけ貯めて、残りは使いながら運用で補填していけば、結果的に死ぬまでに必要な5億円は確保できると発想することができるはずです。

こう言うと、「1億円だって貯めるのに時間がかかる。結局、ある程度のまとまったお金がないと投資なんかできっこない」と反発する人がいるかもしれません。しかし、世の中には小さな元手から始めて億万長者になった人は結構いるものです。投資家のウォーレン・バフェット氏がまさにそうです。また、先日の日本経済新聞には、高校中退してひきこもりとなり、アルバイトでようやく貯めた65万円を元手に投資を始め、今や資産を150億円にしたという30代前半の男性の話が出ていました。そこまでいかなくても、小さな元手をコツコツと増やしていくことは誰でも可能だと、私は思っています。

大事なことは〝強制貯蓄〟をし、〝強制投資〟をすることです。私自身も何十年も前から、強制的に投資することを心掛けています。投資はワンコインからでも始められます。例えば、楽天証券などでは100円から投資信託を購入できます。

ですから、私は子供の頃から投資を始めることをお勧めしています。あなたに小さなお子さんがいるのであれば、トライしてほしいと思います。もちろん、親がしっかりと意味ややり方を教えてあげて、成人するまでは口座をしっかりと管理することが前提ですが、100円ならお年玉やお小遣いで始められます。しかも、子供の時分に始めれば、それは自動的に長期投資になります！　何十年後にはいくらになっているでしょうか。そんな投資の楽しみも、是非とも教えてあげてください。

小さな〝癖〟を身につける

話をあなた自身の投資に戻しましょう。要は、一番大事なのは、自分を律しながら、少しずつでいいから投資を続けることです。人の気持ちは弱いものです。財布に1万円札がある時と、千円札しかない時では、お昼に食べるランチも違ってきます。1万円札があれば、我慢できずに2500円のステーキランチを食べてしまうかもしれませんが、千円札しかなければ、コンビニおにぎりで済ませますよね。あれば使っちゃうのが人間なのです。

少し前までは、それでもひとつのハードルがありました。銀行に行って窓口やATMで下ろさなければ、現金を手にできなかったからです。それが、コンビニにもATMが置かれ、さらに今はキャッシュレス決済が普及した結果、現金がなくても簡単に買い物ができるようになりました。それで無駄遣いが増えたという人もいるのではないでしょうか。

でも、ここが我慢のしどころ。発想転換して、ピンチをチャンスに変えることもできます。例えば、クレジットカードやスマホ決済で買い物をした時には、必ずその場で明細を確認する癖をつけるのです。そうすれば、「ちょっと使い過ぎたな、マズい」と自覚できます。実際、本書の担当編集者はそうやって自己管理しているそうです。余談になりますが、その癖のおかげで、その編集者は明細を見て額の小さな記憶にない請求に気付きカード会社に連絡、不正請求詐欺に遭わずに済んだといいます。「金額が1500円くらいだったので本を1冊買うのと同じ。明細を見ていないと気付かなかったのではないか」と言っていました。

ともかく、早期リタイアに多額の資金は要りません。必要なのは、ある程度の元手資金と、それをどうやって増やすかという金融の知識なのです。さぁ、今日からでも貯蓄に努め、そのお金を投資に活用しましょう！

その43 まとめ

資産を増やすコツは「強制貯蓄」と「強制投資」。

その44

初心者のための投資の心得その2

お金は勝手に増えてはくれない

改めて言います。「楽をして投資に成功し続けた人はいない」

投資には「お金がお金を生む」というイメージがあります。しかし、これは大間違いです。お金が勝手にお金を生んでくれることなど、絶対にありません。そんな考えは今すぐ捨てるべきです。

ここまで口を酸っぱくして言い続けたことを、繰り返します。投資というものは決して簡単で楽チンな作業ではありません。大変な努力が必要です。私があまりしつこく強調するので、「やっぱり難しいってことでしょ、投資って」という声が聞こえてきます。ですが、これも正解ではありません。

そこでもう1度、株式投資分析のとっかかりとなるスクリーニングについて復習してみましょう。

例えば、札幌証券取引所（札証）の「アンビシャス（Ambitious）」市場に上場している、ＲＩＺＡＰグループを研究・分析するケースを考えてみます。あの強烈なインパクトのＣＭでおなじみの企業です。なお、これも単なる例題ですので、念のため。

さて一般の投資家なら、おそらく同社のホームページ（ＨＰ）や新聞、雑誌、情報サイトなどで情報を集め、事業や財務の状況を分析して、投資判断するでしょう。もちろん、こうしたオーソドックスな手法は大切で、本書でも具体的なやり方を説明してきました。

しかし、さらに踏み込んで分析する方法があります。あなた自身が同社のトレーニング体験に足を運ぶのです。それだけで終わってはいけません。大手フィットネスクラブなど競合しそうな企業のトレーニング体験にも足を運び、それぞれについてレポートにまとめるのです。そうすると、財務分析だけではわからないことが見えてきます。他社とどう差別化されているのか、トレーナーの技量や質、立地、設備、料金体系など、いろいろな生の情報を得ることができるはずです。

これは投資家にとって、大きなアドバンテージになります。他の人よりも余計に汗をかいた分だけ、あなたは間違いなく多くの情報を手に入れたわけですから。投資分析でかいた汗は、やがて必ず利益に変わるものです。文字情報や他人から聞いた話だけに頼るのでなく、あなた自身の頭と体で結果にコミットしてください！

ところで、本書では新興企業向け市場として、もっぱら東証マザーズに注目してきましたが、札証アンビシャスのような地方証券取引所の新興市場にも、数は決して多いとは言えませんが、様々な業種の新興企業が上場しています。ご関心のある方は名古屋証券取引所（名証）の「セントレックス（Centrex）」、福岡証券取引所（福証）の「キューボード（Q-Board）」の上場銘柄もチェックしてみるとよいでしょう。

また別の話ですが、東京証券取引所では大規模な株式市場の再編計画を打ち出しています。現在の1部、2部、JASDAQ、マザーズの4市場を、「プライム」「スタンダード」「グロース」の3つの新たな市場に集約・再編するというもので、2022年4月にスタートする予定です。これによって株式投資のやり方が変わるわけではありませんが、既存の上場銘柄がどこに振り分けられるのかといったことは、個人投資家の投資戦略にも関わることですので、一応は関心を持って見守ってほしいと思います。

投資の王道に近道なし、邪道には決して手を出すな！

話を戻します。

「教えの5」や「教えの9」で力説したように、私は「投資は労働と同じ」と考えています。労働の報酬（給与やボーナス）とは、一生懸命に汗をかいて仕事をした分の対価です。一生懸命に働かなければ、その人の給料は上がらないばかりか、場合によってはリストラの対象になってしまうかもしれません。投資の報酬（配当金や値上がり益）も、一生懸命に汗をかいた人だけが得られる対価です。

とはいえ、汗のかき方を間違えては、何の意味もありません。大事なのは、正しい汗のかき方を学ぶことです。投資家にとって正しい汗のかき方とは、第1に必要な情報を的確に入手するための知識を身につけること、第2に知識を土台にして自分自身の頭と体を使って他人よりも多くの汗を流すことです。基礎力なくして応用力なし、ということです。

昨今は投資の世界もＩＴ化が進み、自動売買システムなるものが続々と登場しています。成功確率○％とか、売り時・買い時のサインを自動的に教えてくれるので安心だとかを売り文句にして、結構なお値段を取っているようです。はっきり言いますが、こんなもので利益が出るくらいなら、誰も苦労しません。本当に自動的に利益が出るのなら、運用のプロと呼ばれるファンドマネジャーも要らなくなりますし、年金を運用しているＧＰＩＦ（年金積立金管理運用独立行政法人）もさぞや安心なことでしょう。

でも、プロは絶対にこうしたものに頼りません。なぜでしょうか？　答えは簡単。当てにならないからです。何の意味もないからです。こうしたものを使うのは邪道です。投資の王道とは、自ら汗をかくことです。王道に近道はありません。お金を生んでくれるのは、あなた自身の努力だけなのです。

その44 まとめ

楽をして儲かる投資はない、利益はかいた汗の量に比例する！

その45 初心者のための投資の心得その3 投資こそが究極の節税術

限られた時間やエネルギーを何に使うか

突然ですが、あなたは節税に興味がありますか？「当たり前だ！」と怒られそうです。節税に興味がない人はどこにもいないでしょう。私だって同じです。汗を流して手に入れた大切なお金を減らしたくない、税金に持って行かれるなんて真っ平だ。そう考えるのは、人情というものでしょう。

かくして、書店にはあまたの節税術の指南本が並びます。そして、年初の確定申告のシーズンになると、やれ生命保険料控除を活用するだの、やれ iDeCo（イデコ＝個人型確定拠出年金）で所得税を繰り延べられるだの、年間一定額以内なら贈与税が非課税になるだのと、皆さん、躍起になって節税に取り組みます。

もちろん、節税できることはやるべきです。しかし、あまりそのことに熱中するのはいかがなものでしょうか。あなたがやっている節税術なるものは、ひょっとすると「節税の罠」かもしれませんよ！　ここは冷静に考えるべきです。例えば、税金を少しでも減らそうと、必死に領収書をかき集め、課税所得を数万円、数千円小さくしたところで、節税できる所得税はせいぜい数千円か数百円です。とても費用対効果に見合う〝儲け〟とは思えません。医療費や控除を受けるために軽い症状でも医者のところに行き、余計な手間と時間を使ったばかりか、本当に重い病気になってしまい収入が大きく減ってしまったという、笑い話にもならない話もあります。

iDeCoなどの繰り延べ効果も、目先の課税額は減らせるのでお得な気持ちになるでしょうが、要するに先送りするだけですから、早いか遅いかの違いがあるだけ。納税額自体は、実はあまり変わらない場合がほとんどです。

より大きな節税効果を狙って、必要もない保険商品や高級車などの高額商品を買ってしまう人も見かけます。しかし、それは大切な元手資金を減らす本末転倒な行為です。もっと危ういのは、いわゆる節税対策に夢中になって、グレーゾーンに入り込むこと。適法か違法か、ギリギリのところまで節税を図ろうとする人たちです。しかし、グレーはグレーです。今はシロでも、法改正や毎年の税制改正によってクロに変わる可能性もあります。そんな危ない橋を渡ってまで節税に走る理由が、私には理解できません。

「守りの節税」と「攻めの投資」、コスパがいいのはどっち？

節税は、しょせんは守りの資産管理術です。確かに、数百円でも、ちりも積もれば山となるわけですから、全く意味がないとは申しません。けれども、限界があることは知るべきです。目先の小さな金額のために手間をかけ、大切な時間を費やすくらいなら、他にやることがあるはずです。「攻撃は最大の防御」という言葉を思い起こしてください。ここで言う攻撃とは、もちろん投資のことです。

例えば、あなたが株式投資を行って、1億円の利益が出たとします。その場合、税金はいくらくらいになるでしょうか？　源泉徴収ありの取引口座を利用していれば、税率は復興特別税を除いて20％（所得税15％＋住民税5％）です。これが一般の所得であれば、所得税と住民税を合わせてほぼほぼ半分くらいは持っていかれます。同じ1億円の収入でも、手元に残るお金は格段に違うのです。また、年間120万円までの少額投資なら、2023年までは現NISA（少額投資非課税制度）も利用できます（2024年からは新NISA制度になる）。

そもそも税金を払った後のお金は自由に使える〝あなたのお金〟です。これを例えばそのままインデックス投信に入れて運用すれば、何年か先には払った税金分はとり戻せてしまうことになります。それくらいの気持ちを是非持ってほしいものです。

「入りを量りて、出ずるを為す」という格言もあります。あなたが何よりもやるべきことは、守りの節税ではなく、攻めの投資です。せっかく努力して汗を流すのなら、より前向きで夢のあることに、人生の貴重な時間を使ってほしいと切に願います。

読者の皆さんの明るい未来に思いを馳せながら、筆を置くことに致します。

その45 まとめ

増やすに勝る節約なし！

おわりに

最後までお読みいただき有難うございました。私たちのミッションは、1人でも多くの人が正しく投資をするために、まっとうな金融投資の教育を行うことです。

日本は先進国の中でも非常に経済成長率が低い国のひとつですが、そうしたなかでも、大きく成長する企業は多く存在します。国内のみならず、海外にも目を向けたグローバル企業が増えていることで、活躍の場が広がっていることも、その大きな理由です。

では、グローバルで活躍できていない企業には投資する価値がないのかといわれると、決してそうではありません。当初は国内で、そしていずれは海外で、そんな企業も多いのです。小規模なベンチャー企業ほど、会社の価値が大きくなる可能性を秘めているのです。

米国のアップル（Apple）は、創業者であるスティーブ・ジョブズ氏が知人と3人で実家のガレージからスタートしたことは有名ですが、今では世界で最も時価総額の大きな企業にまで成長しました。

日本では、今や多くの人が利用するフリマアプリで成功したメルカリが創業したとき、1株が500円で4万株を発行していましたから時価総額は2000万円。その後、株式の分割を重ねていったため、創業当時1株当たり５００円だったものが、現在は０・５円に相当するそうです。２０１８年6月19日に上場を果たした際の公募価格は1株３０００円でしたから、その時点で既に６０００倍になっていたことになります。そして上場時の初値は５０００円をつけました。その後、同社は海外展開も進めています。上場後は1株２０００円を割り込む局面も経験していますが、２０２１年に６４００円を超える場面も見られ、時価総額は２０２１年4月末現在、８５００億円を超えるまでになっています。

その昔、メンズショップから始まり、今ではカジュアルウェア専門店チェーンのユニクロを運営するファーストリテイリングも、パーソナルコンピュータ用パッケージソフトの流通業から始まったソフトバンクグループも、上場当時は株価も時価総額も今と比べたらとてつもなく小さな会社でした。

このように未来に成長をしていく企業が日本にもまだまだたくさんあるはずですし、これから先も生まれてくるはずです。だからこそ、こうした企業を見つけて応援する、つまりそうした企業の株主になることこそが、経済活性化を応援することになるばかりか、あなた自身の資産も成長させてくれるはずです。

投資で資産を増やそうと言うと、「自分は年齢がもう高いから」と尻込みする人もいるでしょう。米国の投資家として有名なウォーレン・バフェット氏の当初の原資は14歳のときにアルバイトで作った5000ドル（日本円で50万円くらい）でしたが、今では彼の資産は日本円にして9兆円を超えています。こう言うと、「やはり若いときから投資を始めないとダメなのだ」という声が聞こえてきそうですが、彼が急激に資産を増やしたのは50歳を超えてからなのです。もちろん地道にそれまでの資産を増やしてきた努力があるのは確かです。しかし、もう遅いと諦めてしまったらそこで終わりなのです。

そうは言っても、投資は少しでも早く始める方が有利なことは間違いありません。この本を手にとっていただいた1人でも多くの方が、投資というものに興味を持ち、また正しく理解した上で実践に入っていただけることを心から願っております。

なお、本書のタイトルを「45の教え」としていますが、その数に意味があるわけではありません。私が「大事にしてほしい」と思うことを挙げていったらたまたま項目数が45になっただけのことです。皆さんが様々に勉強をし、経験を重ねながら、「自分だけの教え」を見つけていかれる、本書がそのきっかけになればうれしく思います。

最後に、この本を執筆するに当たり、グローバルファイナンシャルスクール（GFS）の講師陣、運営スタッフ、編集に携わっていただいた日経BP日本経済新聞出版本部の網野一憲さん、原稿作成など絶大なサポートを頂いた高嶋健夫さん、そして応援してくださったすべてのみなさまへ、この場を借りて御礼申し上げます。有難うございました。

グローバルファイナンシャルスクール 校長

市川 雄一郎

〔著者紹介〕
市川雄一郎（いちかわ・ゆういちろう）
Global Financial School校長。CFP®。1級ファイナンシャル・プランニング技能士（資産運用設計業務）。日本FP協会会員。日本FP学会会員。1969年生まれ。グロービス経営大学院大学修了（MBA／経営学修士〈専門職〉）。日本のFPの先駆者として資産運用の啓蒙に従事。ソフトバンクグループが創設した私立サイバー大学で教鞭を執るほか、金融機関の職員や顧客に対する講義や講演も行う。「日本経済新聞」「日経ヴェリタス」「朝日新聞」「東洋経済」「週刊ダイヤモンド」などへの原稿執筆・コメント提供のほか、ラジオ日経やテレビなどのメディア出演も多数。著書に『はじめての資産運用』（共著、日本経済新聞社）などがある。

グローバルファイナンシャルスクール（Global Financial School）
世界中の投資・金融・経済を集約したお金の学校として2019年に開講。投資未経験者から、投資でさらに利益を伸ばしたい人までに対応した24時間受講可能なオンライン金融スクール。投資にまつわる歴史、金融、経済、資産運用の講義を提供。投資やお金の実務専門家はもとより、企業分析に強い公認会計士や税務の専門家などが講師を務める。2020年、東京商工リサーチ調べで、「生徒数」「講座数」「講義時間」など6項目で日本一を達成。
URL：https://gfs-official.com

投資で利益を出している人たちが大事にしている　45の教え

2021年 6 月 14 日　　1版1刷
2023年 3 月 7 日　　　 8刷

編著者　市川雄一郎
編　者　グローバルファイナンシャルスクール

発行者　國分正哉
発　行　株式会社日経 BP
日本経済新聞出版
発　売　株式会社日経 BP マーケティング
〒105-8308　東京都港区虎ノ門 4-3-12
装　幀　夏来　怜
イラスト　福士統子
DTP　マーリンクレイン
印刷・製本　シナノ印刷
ISBN978-4-532-35882-2

本書籍に関するお問い合わせ，ご連絡は下記にて承ります。
https://nkbp.jp/booksQA

Printed in Japan